DIVAN-E-GHALIB

DIVAN-E-GHALIB

URDU-HINDI

TO ENGLISH

SELECTED GAZALS

ENGLISH TRANSLATION

BY

KUNWAR RAJINDER SINGH RANA

چُنندہ غزلیں

चुनी हुई गज़लें

GAZALS ADMIRED
FILMED&TELEVISED

ANMOL PUBLICATIONS PVT. LTD.
4374/4B, Ansari Road, Daryaganj
New Delhi - 110 002
Ph.: 23261597, 23278000
Visit us at: www.anmolpublications.com

Divan-E-Ghalib

First Published, 2005

ISBN 81-261-2361-3

PRINTED IN INDIA

Published by J.L. Kumar for Anmol Publications Pvt. Ltd., New Delhi - 110 002 and Printed at Mehra Offset Press, Delhi.

Dedicated to Late Rana Gopal Singh Talib,

my father,

who was a great scholar of Urdu and Persian

Who taught me to savour the delight of Urdu poetry

PREFACE

One of the safest ways to enter into the core of Ghalib's poetry is a careful study of his imagery, of the symbols he uses, the way he changes them compared to the classical Persian and Urdu poets, and thus by careful comparsion, to understand his special features and his greatness. Such a method will help us also as far as possible, to answer the question, how far oriental poetry in general, and Ghalib's poetry in particular, reflects his very personal experiences, and in how far it is just an elaboration of inherited forms and images which should not be taken into consideration when discussing his personal viewpoints or his letters though sometimes playfully expressing a passing mood inform us rather correctly about his thoughts and feelings. It seems to me that from a verbal analysis of some of his poems, we may be able to catch at least a glimpse of the way how his creative imagination worked, and how the main strands of his thought are woven together into a highly artistic fabric.

In his ghazals Ghalib has given expression to the feelings which are the common heritage of mankind. He gives them utterance in an unforgettable manner.He loved humanity and cherished liberty, he explains by independence of mind and liberal desposition. He rebelled against conventional behaviour and welcomed new ideas.

I regard Ghalib as one of the greatest Urdu poets, and

the greatest letter writer in Urdu. As an ironist and humourist, he is unsurpassed by any other Urdu writer. As a poet, he has a wider range than that of his contemporaries or predecessors, and there is a happy blend of thought and emotions in his poetry. Ghalib remained bound to the unshakable tradition of a centuries-old culture and nevertheless knew how to apprehend and to express in his verses even the slightest movement of life: thus he enjoys and makes his readers enjoy the spiritual dance in the endless desert of life.

I cannot dare impose on the readers any interpretation of the verses in this seminal work. It is best left to the reader himself, depending upon his/her mind and imagination. The scope of Ghalib's great verse should not be constrained and contained by the mental boundaries of just one interpreter. It is my humble effort with faith and devotion which I have no doubt, will be welcomed by lovers of Ghalib.

I take pleasure in acknowledging inspriration I recieved from my wife Mrs. Shanti Rana, who carefully ensured encouraging me and looking to my comforts.

Mr. Suresh Vedi in regard to the shorthand and Typing with a skillful affort with painstaking keying-in work.

فہرست

Index

(۱)

۱۔ نقش فریادی ہے کس کی شوخیِ تحریر کا
کاغذی ہے پیرہن ہر پیکرِ تصویر کا

۲۔ کاوِ کاوِ سخت جانی ہائے تنہائی نہ پوچھ
صبح کرنا شام کا لانا ہے جوئے شیر کا

۳۔ جذبہ بے اختیار شوق دیکھا چاہیے
سینہ شمشیر سے باہر ہے دم شمشیر کا

۴۔ آگہی دامِ شنیدن جس قدر چاہے بچھائے
مدعا عنقا ہے اپنے عالمِ تقریر کا

۵۔ بسکہ ہوں غالب! اسیری میں بھی آتش زیر پا
موئے آتش دیدہ، ہے حلقہ مری زنجیر کا

1 नकश फरियादी हैं किसकी शोखि-ए-तहरीर का

कागज़ी हैं पैरहन, हर पैकर-ए-तस्वीर का

2. काव—ए—काव—ए—सख़्त जानाह—ए—तन्हाई, न पूछ

सुब्ह करना शाम का, लाना है जू—ए—शीर का

3. जज्बः ए बे इख़्तियार—ए—शौक़ देखा चाहिए

सीनः ए—शमशीर से बाहर है, दम शमशीर का

4. आगही, दाम—ए—शनीदान, जिस कदर चाहे, बिछाये

मुद्द'आ अंका है, अपने आलम-ए-तकरीर का

5. बसकि हूँ, ग़ालिब, असीरी में भी आतश जेर-ए-पा

मू-ए-आतश दीदः, हैं हल्कः मिरी ज़जींर का

1. Against whom the picture is complaining?

Dressed in paper each figure lays charge.

2. Loneliness is tormenting and agonizing turning morning to evening

Is harder than digging a canal of milk

3. The sight worth seeing is boundless emotion

The shine of the sword itself is alluring beyond sword

4. The awareness due to hearing has wide spread net

The meaning of my speach is beyond comprehension phoneix like

5. O'Ghalib even imprisoned, feel the fire beneath my feet;

Every link of fetters has become synged hair

(۲)

۱۔ سب کہاں کچھ لالہ و گُل میں نمایاں ہوگئیں
خاک میں کیا صورتیں ہوگیں کہ پنہاں ہوگئیں

۲۔ تھیں بنات النّعش گردوں دن کے پردے میں نہاں
شب کو اُن کے جی میں کیا آئی کہ عُریاں ہوگئیں

۳۔ قید میں، یعقوب نے ' لی گو نہ یوسف کی خبر
لیکن آنکھیں روزنِ دیوار زنداں ہو گئیں

۴۔ سب رقیبوں سے ہوں ناخوش' پر زنانِ مصر سے
ہے زُلیخا خوش کہ محوِ ماہِ کِنعاں ہو گئیں

1. सब कहाँ,कुछ लालः–ओ–गुल में नुमाया हो गई
खाक में क्या सूरते होंगी, कि पिन्हाँ हो गई

2. थी बनातुन्ना'श–ए–गर्दू, दिन के पर्दे में निहाँ
शब को उनके जी में क्या आई, कि उरियाँ हो गई

3. केद में या'कूब ने ली, गो न यूसुफ़ की ख़बर
लेकिन आँखें रौजन–ए–दीवार–ए ज़िन्दाँ हो गई

4. सब रक़ीबों से हों नाखुश, पर ज़नान–ए–मिस्र से
हे जुलैखा खुश, कि महव–ए–माह–कनआँ हो गई

1. A few not all, appeard in the roses and the daffodils
Those must even beauties now shrouded in dust.

2. In The wheel of day light lay hidden the consetellation
The darkness of night has caused them display their nudity

3. Although about Joseph, Jacob could not enquire about
Yet his eyes became windows in walls of prison cell

4. With all rivals she is jealous, except with the ladies of Egypt
Zuleika is pleased, they were lost beholding Joseph

(۳)

۱۔ کسی کو دے کے دل، کوئی نوا سنجِ فغاں کیوں ہو!
نہ ہو جب دل ہی سینے میں، تو پھر مُنہ میں زباں کیوں ہو!

۲۔ وہ اپنی خُو نہ چھوڑیں گے، ہم اپنی وضع کیوں بدلیں
سُبک سر بن کے کیوں پوچھیے کہ "ہم سے سرگراں کیوں ہو!"

۳۔ کیا غم خوار نے رُسوا لگے آگ اس محبّت کو
نہ لاوے تاب جو غم کی، وہ میرا راز داں کیوں ہو!

۴۔ قفس میں مجھ سے رودادِ چمن کہتے نہ ڈر ہمدم!
گری ہے جس پہ کل بجلی، وہ میرا آشیاں کیوں ہو!

۵۔ قیدِ حیات بند و غم اصل میں دونوں ایک ہیں
موت سے پہلے آدمی غم سے نجات پائے کیوں!

۶۔ ہاں وہ نہیں خدا پرست، جاؤ وہ بے وفا سہی
جس کو ہو دین و دل عزیز، اس کی گلی میں جائے کیوں!

۷۔ واں وہ غرورِ عزت و ناز یاں یہ حجابِ پاسِ وضع
راہ میں ہم ملے کہاں، بزم میں وہ بُلائے کیوں!

۸۔ غالبِ خستہ کے بغیر کون سے کام بند ہیں!
روئیے زار زار کیا، کیجئے ہائے ہائے کیوں!

1. किसी को दे के दिल कोई नवा सँज-ए-फुंगा क्यों हो
न हो जब दिल ही सीने में, तो फिर मुँह में जँबा कयों हो

2. वह अपनी खू न छोड़ेंगे, हम अपनी वज्'अ क्यों छोड़ें
सुबुक सर वन के क्यों पूछें, कि "हमसे सरगिराँ क्यों हो"

3. किया ग़मख्वार ने रूस्वा, लगे आग इस मुहब्बत को
न लावे ताव जव ग़म की, वह मेरा राज़दाँ क्यों हो

4. क़फ़स में, मझसे रूदाद-ए-चमन कहते न डर हमदम
गिरी है जिस पे कल बिजली,वह मेरा आशियाँ क्यों हो

5. कैद-ए-हयात-ओ-बन्द-ए-गम,अस्ल में दोनों एक हैं
मौत से पहले,आदमी गम से नजात पाये क्यों

6. हाँ वह नहीं ख़ुदा परस्त, जाओ वह बेवफा सहीं
जिस को हो दीन-ओ-दिल अज़ीज़, उसकी गली में जाये क्यों

7. वाँ वह गुरूर-ए-इज़्ज़त-ओ-नाज़, यां यह हिजाब-ए-पास-ए'वजआ'
राह में हम मिलें कहाँ, बज्म में वह बुलायें क्यों

8. गालिब-ए-खस्ता के बगेर कोन से काम बन्द हैं
रोए ज़ार ज़ार कया, कीजे हाऐ हाऐ कयो।

1. Why should one mourn and weep after surrendering heart to beloved?
The tongue cannot lament when no heart is left in the body
2. She will not change her style, why should we change our ways?

It is futile asking her reason for her annoyance mortgaging our vanity

3. I am dishonoured by my sympathizer, hell be such like love
   He cannot keep my secret without bearing the pains of such like vows
4. O'friend languishing in the cage, fear not giving me account of the garden
   As it is not must that yesterday's lightning has struck my nest
5. The prison of life and the fetters of grief are alike
   One cannot hope to free from the clutches of sorrow until death
6. I know she is disloyal and in truth has no faith in God;
   Why should one go to her lane if he values his creed and heart?
7. She is haughty in proud glory, while we observe etiquatte;
   There is no compromise between our meeting her and her inviting us
8. When the heart broken Ghalib is no more, nothing shall remain unresolved
   Weeping bitterly and crying is futile, as no loss involved

(۴)

۱۔ دل ہی تو ہے نہ سنگ و خشت درد سے بھر نہ آئے کیوں!
روئیں گے ہم ہزار بار، کوئی ہمیں ستائے کیوں!

۲۔ دیر نہیں، حرم نہیں، در نہیں، آستاں نہیں
بیٹھے ہیں رہ گزر پہ ہم، غیر ہمیں اٹھائے کیوں!

۳۔ جب وہ جمالِ دل فروز، صورتِ مہرِ نیم روز
آپ ہی ہو نظارہ سوز، پردے میں مُنھ چھپائے کیوں!

۴۔ دشنۂ غمزہ جاں ستاں، ناوکِ ناز بے پناہ
تیرا ہی عکس رُخ سہی، سامنے تیرے آئے کیوں!

۵۔ اِن پری زادوں سے لیں گے خلد میں ہم انتقام
قدرتِ حق سے یہی حوریں اگر واں ہو گئیں

۶۔ واں گیا بھی میں تو ان کی گالیوں کا کیا جواب!
یاد تھیں جتنی دعائیں، صرفِ درباں ہو گئیں

۷۔ ہم موحد ہیں ہمارا کیش ہے ترکِ رسوم
مِلّتیں جب مٹ گئیں، اجزائے ایماں ہو گئیں

۸۔ رنج سے خُوگر ہوا انساں تو مِٹ جاتا ہے رنج
مشکلیں مجھ پہ پڑیں اتنی کی آساں ہو گئیں

۹۔ یوں ہی گر روتا رہا غالبؔ، تو اے اہلِ جہاں!
دیکھنا ان بستیوں کو تم، کہ ویراں ہو گئیں

1. दिल ही तो है, न खँग-ओ-खिशल, दर्दसे भर न आये क्यों

रोयेंगे हम हज़ार बार, कोई हमें सताये क्यों

2. देर नही, हरम नहीं, दर नहीं,आस्ताँ नहीं

बेठे हैं रहगुजर पे हम, कोई हमें उठाये क्यों

3. जब वह जमाल-ए-दिल फ़रोज,सूरत-ए-मेहर-ए-नीमरोज़

आप ही हो नजारा-सोज़,पर्दे में मुँह छुपायें क्यों

4. दश्नः-ए-ग़मज़ा जाँसिताँ, नावक-ए-नाज बे पनाह

तेरा ही अक्स-ए-रूख़ सही, सामने तेरे आये क्यों

5 इन परीज़ादों से लेंगे खुल्द में हम इन्तिकाम

कुदरत-ए-हक से यही हूरें अगर वां हो गयी

6. यां गया भी में तो उनकी गालियों का क्या जवाब

याद थीं जितनी दुआयें,सर्फ-ए-दरबाँ हो गई

7. हम मुजीहद हैं हमारा केश है, तर्क-ए-रूसूम

मिल्लतें जब मिट गई, अज्जा-ए-ईमाँ हो गई

8. रँज से खूगर हुआ इंसाँतो मिट जाता है रँज

मुश्किलें मुझ पर पड़ी इतनी,कि आसाँ हो गई

9. यो ही गर रोता रहा ग़ालिब, तो ऐ अहल्-ए-जहाँ

देखना इऩ बस्तियों को तुम, कि वीराँ हो गई

1. After all heart, not brick or stone not bound to be affected by pain,

Thousand times we may weep,why any one teases us?

2. Neither this is temple nor mosque not even doorwey
Sitting are we on the road side why should we be asked to move?

3. Why should she canceal her face when the extreme beauty
Like the dazzling sun even burns up our sight

4. Thy pears in glance ravishes my soul there is no escape,
The brightness of the face why should I dare confront with.

5. By the grace of God, would take revenge in heaven
On those born of fairies if these are turned into beauties for revenge

6. To her scolding I have no reply to give even if I go there
As I had heaped all courtesy on the door keeper as compliment to my entry

7. In the unity of God we believe casting aside all rituals
The true faith springs from decimation of rituals and dogmas

8. Man habituated to grief ceases to feel its pain
The enormous troubles, I faced these are now easy to bear with

9. The people of the world will see that their habitations turned into wilderness
If Ghalib continued weeping sheddig tears like this

(۵)

۱۔ وفا کیسی کہاں کا عشق، جب سر پھوڑنا ٹھہرا
تو پھر اے سنگ دل تیرا ہی آستاں کیوں ہو!

۲۔ یہی ہے آزمانا، تو ستانا کس کو کہتے ہیں
عدو کے ہو لئے جب تم تو میرا امتحاں کیوں ہو!

۳۔ یہ فتنہ آدمی کی خانہ ویرانی کو کیا کم ہے
ہوئے تم دوست جس کے دشمن اس کا آسماں کیوں ہو!

۴۔ لینا چاہتا ہے کام کیا طعنوں سے تُو غالبؔ
ترے بے مہر کہنے سے وہ تجھ پر مہرباں کیوں ہو!

1. वफ़ा कैसी, कहाँ का इश्क, जब सर फोड़ना ठहरा
तो फिर, ऐ सँग दिल, तेरा ही संग-ए-आस्तां क्यों हौ

2. यही है आज़माना,तो सताना किसको कहते हैं
अदू के हो लिये जब तुम, तो मेरा इम्तिहाँ क्यों हो

3. यह फितना,आदमी की ख़ाना-वीरानी को क्या कम है
हुए तुम दोस्त जिसके, दुश्मन उसका आरमाँ क्यों हो

4. निकाला चाहता हें काम क्या ता'नों से तू, गालिब
तिरे बेमेह्र कहने से, वह तुझ पर मेह्रबाँ क्यों हो

1. It is not love but fidelity, if I have to strike my head against a stone
O' cruel hearted one why should it be your threshold?

2. If this is merely testing then what is teasing?
When you definitely opt for enemy no more can I contend

3. your mischief in love is sufficient to destroy my home;
To him whose friend you are why should the sky be enemy?

4. O' Ghalib your wish to gain the ends by taunting;
If branded as uncaring beloved, why should she mend?

(۶)

۱۔ مانعِ دشتِ نوردی ، کوئی تدبیر نہیں
ایک چکرّ ہے، مرے پاؤں میں زنجیر نہیں

۲۔ شوق اُس دشت میں دوڑائے ہے مجھ کو کہ جہاں
جادہ، غیر از نگہہ دیدۂ تصویر نہیں

۳۔ حسرتِ لذتِ آزار رہی جاتی ہے
جادۂ راہِ وفا جُزدمِ شمشیر نہیں

۴۔ رنجِ نومیدئ جاوید ! گوارہ رہیو!
خوش ہوں گر نالہ زبونیِ کشِ تاثیر نہیں

۵۔ سر کھجاتا ہے، جہاں زخمِ سر اچھّا ہو جائے
لذتِ سنگِ باندازۂ تقریر نہیں

۶۔ جب کرم رُخصتِ بے باکی و گستاخی دے
کوئی تقصیر بجز خصلتِ تقصیر نہیں

۷۔ غالبؔ، اپنا یہ عقیدہ ہے، بقولِ ناسخؔ
"آپ بے بہرہ ہے، جو معتقدِ میرؔ نہیں"

1. मान-ए-दशत नवर्दी कोई तदबीर नही

एक चक्कर है, मिरे पाँव में जंजीर नहीं

2. शोक उस दश्त में दौड़ाये है मुझको, कि जहाँ

जादा गैर अज़ निगाह-ए-दीदा-ए-तस्वीर नहीं

3. हसरत-ए-लज्ज़त-ए-आजार रही जाती है

जादा-ए-राह-ए-वफा,जुज़ दम-ए-शमशीर नहीं

4. रँज-ए-नौमीदि-ए-जावेद, गवारा रहियो

खुश हूँ गर नाला-ए-जबूनी कश-ए-तासीर नहीं

5. सर खुजाता है, जहाँ जख्म-ए-सर अच्छा हो जाय

लज्ज़त-ए-सँग ब अन्दाज़ः-ए-तकरीर, नहीं

6 जब करम रूखसत-ए-बेबाकि-ओ-गुस्ताखी दे

कोई तक़सीर बजुज ख़जलत-ए-तक़सीर, नहीं

7. गालिब, अपना यह अकीदा है, बकौल-ए-नासिख़

"आप बेबहरा है जो मोतकिद-ए-मिर नही"

1. My roaming in the wilderness no manner of advice could it be

There is whirlwind in my feet not a chain

2. My desire urges me to run for wilderness

From a picture eye be a track is a blur

3. My unsatisfied longing, is delighting in agony

The path of real fidelity is like the edge of the sword

4. The hurt of eternal disappointment must to endured
   Happy am I that my lament does not desire striving for effect.
5. The stone anticipation delights when the wound in the head heals,
   The pleasure out of irritation is beyond description,
6. When the friend's kindness permits to be bold and free
   The immense fault would be to be hesitant and shy
7. Like Nasikh is my conviction, O' Ghalib
   You are ignorant if to Mir you do not consider great

(۷)

۱۔ دہر میں نقشِ وفا وجہِ تسلّی نہ ہوا
ہے یہ وہ لفظ کہ شرمندۂ معنی نہ ہوا

۲۔ میں نے چاہا تھا کہ اندوہِ وفا سے چھوٹوں
وہ ستم گر مرے مرنے پہ بھی، راضی نہ ہوا

۳۔ دل گزر گاہِ خیالِ مے و ساغر ہی سہی
گر نفس جادۂ سر منزلِ تقویٰ نہ ہوا

۴۔ ہوں ترے وعدہ نہ کرنے پہ بھی راضی کہ کبھی
گوش منّت کشِ گلبانگ تسلی نہ ہوا

۵۔ کِس سے محرومیٔ قسمت کی شکایت کیجئے
ہم نے چاہا تھا کہ مرجائیں، سو وہ بھی نہ ہوا

۶۔ سبزۂ خط سے ترا کاکل سرکش، نہ دبا
یہ زمرد بھی حریفِ دمِ افعی نہ ہوا

۷۔ مرگیا صدمۂ یک جنبشِ لب سے، غالبؔ
ناتوانی سے حریفِ دمِ عیسیٰ نہ ہوا

1. दहर में, नक्श-ए-वफा,वज्ह-ए-तसल्ली न हुआ
है यह वह लफज, कि शर्मिनदा-ए-म'अनी न हुआ

2. मैं ने चाहा था कि अन्दोह-ए-वफ़ा से छूटूँ
वह सितमगर मिरे मरने पे भी राजी न हुआ

3. दिल गुजरगाह-ए-खयाल मै ओ सागर ही सही
गर नफस जादा-ए-सरमंज़ल-ए-तकवा न हुआ

4. हूँ तेरे वायदे न करने में भी राजी,कि कभी
गोश मिन्नत-ए-कश-ए-तसल्ली न हुआ

5. किससे महरूमि-ए-किस्मत की शिकायत कीजे
हमने चाहा था कि मर जायें,सो वह भी न हुआ

6. सब्जा-ए-ख़त से तिरा,काकुल-ए-सरकश न दबा
यह ज़मरूद भी हरीफ-ए-दम-ए-अफ़'ई न हुआ

7. मर गया सदमः-ए-यक जुंबिश-ए-लव से ग़ालिब
नातवानी से हरीफ-ए-दम-ए-'ओसी न हुआ

1. In the world, the image of faithfulness has rendered no satisfaction.
It is a word that escapes its meaning.

2. I wished, I might be relieved from the agony of fidelity
But that cruel did not agree to my being dead.

3. The heart is like a highway for the desire of wine and goblet,

If soul could not itself unravel even with absolution.

4. I am content even if you have promised nothing

And the ear remains deprived of the sound of consolation.

5. Whom can we complain of our frustration?

Even desire to die was denied to us

6. Your rebel locks could not be tamed even by the verdent down on the cheek,

Even this jewel could not face the snake's poisoned breath.

7. Ghalib died from the shock of seeing her single movement of lips;

Even the breath of Jesus could not save him such was his frailty.

(۸)

۱۔ عشق مجھ کو نہیں، وحشت ہی سہی
مری وحشت، تری شہرت ہی سہی

۲۔ قطع کیجیے نہ، تعلق ہم سے
کچھ نہیں ہے، تو عداوت ہی سہی

۳۔ میرے ہونے میں، ہے کیا رُسوائی؟
اے! وہ مجلس ہی نہیں' خلوت ہی سہی

۴۔ ہم بھی دشمن تو نہیں ہیں اپنے!
غیر کو تجھ سے محبّت ہی سہی

۵۔ عمر ہر چند کہ ہے برقِ خرام
دل کے خون کرنے کی فرصت ہی سہی

۶۔ ہم کوئی ترکِ وفا کرتے ہیں!
نہ سہی عِشق، مُصیبت ہی سہی

۷۔ کُچھ تو دے، اے فلک نا انصاف!
آہ و فریاد کی رخصت ہی سہی

۸۔ ہم بھی تسلیم کی خُو ڈالیں گے
بے نیازی تری عادت ہی سہی

۹۔ یار سے چھیڑ چلی جائے ہے، اسد!
گر نہیں وصل، تو حسرت ہی سہی

1. इशक मुझको नही, वहश्त ही सही

मेरी वहशत, तेरी शोहरत ही सही

2. क़ता कीजे न त'अल्लुक़ हम से

कुछ नही है, तो अदावत ही सही

3. मेरे होने में है क्या रूस्वाई

अय,वह मजलिस नहीं, खल्वत ही सही

4. हम भी दुश्मन तो नहीं हैं अपने

गैर को तुझ से मोहब्बत ही सही

5. उम्र हरचन्द कि है बर्क खिराम

दिल के खूँ करने की फुर्सत ही सही

6. हम कोई तर्क-ए-वफा करते हैं

न सही इश्क , मुसीबत ही सही

7. कुछ तो दे, अय फलक-ए-ना-इसांफ़

आह-ओ- फर्याद की रूखसत ही सही

8. हम भी तस्लीम की खुँ डालेंगे

बेनियाज़ी तिरी आदत ही सही

9. यार से छेड़ चली जाये, है असद

गर नही वस्ल, तो हसरत ही सही

1. I admit what I posses is not love but sheer madness.

My madness brings you repute and fame

2. Do not lose your relations with me.

If nothing else let it be semblance of enemity.

3. If my friendship cause of your ill fame

Let our meet be in private than in public

4. We are not an enemy of ours

Let rival expresses love for you so let it be.

5. There is pause, although life swiftly flies lightening like

Let it be enough for torturing heart to bleed

6. If there is no love, let there be torture

There shail be no lack of featly on our part.

7. O unjust sky, allow me some fortunes;

Let it be permission for grieving and sighing

8. Submissiveness in babits, we will cultivate,

If haughtiness is her nature and intent.

9. let us relish sweet teasing, O Asad,

There is unfulfilled desire, if no union.

(۹)

۱۔ نالہ جز حُسن طلب اے ستم ایجاد! نہیں
ہے تقاضائے جفا، شکوۂ بیداد نہیں

۲۔ عشق و مزدوریٔ عشرت گہِ خسرو کیا خوب!
ہم کو تسلیم نکو نامیٔ فرہاد نہیں

۳۔ کم نہیں وہ بھی خرابی میں، پہ وسعت معلوم
دشت میں ہے مجھے وہ عیش کہ گھر یاد نہیں

۴۔ اہلِ بینش کو ہے طوفانِ حوادث، مکتب
لطمہ از موج کم از سیلیِ اُستاد نہیں

۵۔ وائے! محرومیٔ تسلیم و بدا ! حالِ وفا
جانتا ہے کہ ہمیں طاقتِ فریاد نہیں

۶۔ رنگِ تمکینِ گل و لالہ، پریشاں کیوں ہے
گر چراغانِ سرِ رہ گزرِ باد نہیں

۷۔ سَبدِ گُل کے تلے بند کرے ہے گلچیں
مژدہ اے مرُغ ! کہ گلزار میں صیّاد نہیں

۸۔ نفی سے کرتی ہے اِثبات تراوش، گویا
دی ہے جائے دَہن اس کو دمِ ایجاد، نہیں

۹۔ کم نہیں، جلوہ گری میں، ترے کوچے سے بہشت
یہی نقشہ ہے، ولے اس قدر آباد نہیں

۱۰۔ کرتے کس مُنھ سے ہو غرُبت کی شکایت 'غالبؔ'!
تم کو بے مہری یارانِ وطن یاد نہیں!

1 नाला-ए-जुज़ हस्न-ए-तलब ऐ सितम ईजाद नही
है तकाज़-ए-ज़फा, शिकवा-ए-बेइदाद नहीं

2. इश्क-ओ-मजदूरि-ए-इश्रत गह-ए-फ़रहाद ख़ूब
हम को तसलीम निकुनामि-ए-फ़रहाद नहीं

3. कम नही वह भी खराबी में, पे वुस'अत मालूम
दश्त में, है मुझे वह अैश, कि घर याद नहीं

4. अहल-ए-बीनिश को, है तुफान-ए-हवादिस, मकतब
नगम-ए-मौज, कम अज सेलि-ए-उस्ताद नहीं

5. वाये महरूमि-ए-तसलीम ओ वदा हाल-ए-दफा
जानता है कि हमें ताकत-ए-फरियाद नहीं

6. रगं-ए-तमकीन-ए-गुल-ओ-लाला परीशों क्यों हैं
गर चरागान-ए-सर-ए-रैह गुज़र-ए-बाद नहीं

7. सबद-ए-गुल के तले बन्द करे हैं गुलचीं
मुशदा ऐ मुर्ग़ कि गुलजार में सययाद नहीं

8. नफ़ि से करती हैं इस्बात तराविश गोया
दी है जा-ए-दहन उस को दम-ए-ईजाद, नहीं

9. कम नहीं, जल्वा गरी में, तिरे कूचे से बहिश्त
यही नक़्शा है, वले इस क़दर आबाद नहीं

10. करते किस मुंह से हो गुर्बत की शिकायत, ग़ालिब
तुम को बेमेहरि-ए-यारान-ए-वतन याद नहीं

1. My crying invites further torture from you, being your habitual cruel
No complaint is meant, as it becomes plea for more operation.

2. How strange, on one hand loving attraction and the other labour involved in it?

   We do not agree fame Farhad enjoys is a pleasure house for Khusrau

3. The desolation is no less in the wilderness that in my house

   I delight it to the extent of for-getting my home

4. For visionaries, the adversity are like school of experience

   The slaps of the wave seem like those of the teacher on the face

5. Our deprivation and submission in misfortune

   Our beloved knows well, we have no power even to plead for mercy

6. If in the way of tempest no illuminations

   Why should efflorescence be all dispersed?

7. Covering the beneath of flower basket is gardener style

   Good news for the bird that hunter is not nearby

8. Her 'NO' is sign of 'Yes'

   The creator had tuned her mouth accordingly

9. Heaven is no less in glamour than thy lane

   But the heaven is thinly populated athough of same kind

10. Why do you repent of exile, O'Ghalib?

    Do you not remember the unkindness meted out to you by thy friends?

(۱۰)

۱۔ ذکر اس پری وش کا اور پھر بیاں اپنا
بن ہی گیا رقیب آخر، جو تھا راز داں اپنا

۲۔ مے وہ کیوں بہت پیتے بزمِ غیر میں، یارب!
آج ہی ہوا منظور اُن کو امتحاں اپنا

۳۔ منظر ایک بلندی پر اور، ہم بنا سکتے
عرش سے اِدھر ہوتا، کاش کہ مکاں اپنا!

۴۔ دے وہ جس قدر ذِلت، ہم ہنسی میں ٹالیں گے
بارے آشنا ہوگا، ان کا پاسباں، اپنا

۵۔ دردِ دل لکھوں کب تک، جاؤں ان کو دکھلاؤں
انگلیاں فگار اپنی، خامہ خونچکاں اپنا

۶۔ گھستے گھستے مٹ جاتا، آپ نے عبث بدلا
ننگِ سجدہ سے میرے سنگِ آستاں اپنا

۷۔ تا کرے نہ غمازّی، کر لیا ہے دشمن کو
دوست کی شکایت میں ہم نے ہم زباں اپنا

۸۔ ہم کہاں کے داناں تھے، کس ہُنر میں یکتا تھے
بے سبب ہوا' غالب ! دشمن آسماں اپنا

1. ज़िक्र उस परीवश का, और फिर बयाँ अपना
बन गया रक़ीब आख़िर, था जो राज़दाँ अपना

2. मै वह क्यों बहुत पीते, बज़म-ए-गैर में या रब
आजही हुआ मंजूर, उनको इम्तिहां अपना

3. मंज़र इक बुलन्दी पर, और हम बना सकते
अर्श से इधर होता, काश के मकां अपना

4. दे वह जिस क़दर ज़िल्लत, हम हंसी में टालेगें
बारे आश्ना निकला उनका, पास्बॉ अपना

5. दर्द-ए-दिल लिखूं कब तक, जाउँ उनको दिखलादूं
उंगलियां फ़िगार अपनी, ख़ामा ख़ूचकां अपना

6. घिसते घिसते मिट जाता, आपने अबस बदला
नंग-ए-सिज्दा से मेरे, संग-ए-आस्तां अपना

7. ता करे न गंम्माज़ी, कर लिया हैं दुश्मन को
दोस्त की शिकायत में, हमने हमज़बां अपना

8. हम कहां के दाना थे, किस हुनर में यकता थे
बे सबब हुआ ग़ालिब, दुश्मन आस्मां अपना

1. The description of that lovely fairy by me
My confide it seems, has become my rival.

2. At others' assembly why does she drink so much
Perhaps today, she wants to test my patience.

3. we could build a lofty place with a wide range of sight
   I wish our dwelling would have been higher than the sky
4. We will just laugh it off, however immense insults from her
   Her care-taker happens to be acqainted to us.
5. My sore fingers with blood dripping pen
   How long I write my agony to show her?
6. you vainly change, thy door-step would have been worn off
   By my abject supplication, it would have been decimated.
7. Lest he becomes an informer, we made him our confide
   In complaints against friend.
8. O'Ghalib there was nothing unique in our art and skill.
   There was no reason for the sky to be jealous and our enemy.

(۱۱)

۱۔ ہے بس کہ ہر اک اُن کے اشارے میں نشاں اور
کرتے ہیں محبّت تو گزرتا ہے گماں اور

۲۔ یارب! وہ نہ سمجھے ہیں نہ سمجھیں گے مری بات
دے اور دل ان کو، جو نہ دے مجھ کو زباں اور

۳۔ تُم شہر میں ہو، تو ہمیں کیا غم، جب اٹھیں گے
لے آئیں گے بازار سے جا کر دل و جاں اور

۴۔ ہے خونِ جگر جوش میں، دل کھول کے روتا
ہوتے جو کئی دیدۂ خوننابہ فشاں اور

۵۔ مرتا ہوں تو اس آواز پہ، ہر چند سر اُڑ جائے
جلاد کو لیکن وہ کہے جائیں کہ "ہاں اور"

۶۔ لوگوں کو ہے خورشید جہاں تاب کا دھوکہ
ہر روز دکھاتا ہوں اک داغِ نہاں اور

۷۔ دیتا، نہ اگر دل تمھیں لیتا، کوئی دم چین
کرتا، جو نہ مرتا، کوئی دن، آہ و فغاں اور

۸۔ پاتے نہیں جب راہ تو، چڑھ جاتے ہیں نالے
رُکتی ہے مری طبع، تو ہوتی ہے رواں اور

۹۔ ہیں اور بھی دنیا میں سخن ور بہت اچھّے
کہتے ہیں کہ غالب کا ہے اندازِ بیاں اور

1. हैं बस कि, हर इक उनके इशारे में निशां और

करते हैं महब्बत, तो गुज़रता है गुमां और

2. यारब, न वह समझे हैं, न समझेगें मिरी बात

दे और दिल उनको, जो न दे मुझको जबां और

3. तुम शहर में हो, तो हमें क्या ग़म, जब उठेगें

ले आयेगें बाज़ार से, जाकर दिल-ओ-जां और

4. है खून-ए-जिगर जोश में, दिल खोल के रोता

होते जो कई दीदा-ए-खूंनाबा फिशां और

5. मरता हूं इस आवाज पे, हरचन्द सर उड़जाय

जल्लाद को, लेकिन, वह कहे जाये, कि "हाँ और"

6. लोगों को हैं खुर्शीद-ए-जहां ताब का धोका

हर रोज़ दिखाता हूं, इक दाग़-ए-निहां और

7. देता, न अगर दिल तुम्हें लेता, कोई दम चैन

करता, जो न मरता, कोई दिन, आह-ओ-फुगां और

8. पाते नहीं जब राह, तो चढ़ जाते हैं नाले

रूकती है मेरी तब-अ, तो होती हैं रबां और

9. है और भी दुनिया में सुख़नवर बहुत अच्छे

कहते हैं कि ग़ालिब का है अन्दाज़-ए-बयां और

1. Her every wink shows a different sign

when she shows love inclination, we do not believe she means it.

2. O'God she has not understood my leaning nor will she ever,

Give her another heart, if not another tongue to me

3. When thou are in the city, we have nothing to grieve,

Whenever we need we can visit the market and buy another heart

4. With the boiling blood in my heart,

I could have several more blood-shedding eyes for unrestraint weeping.

5. If my head is removed, I die for listening her voice.

She persists telling the executioner "strike again and again".

6. The people mistake it as the world illuminating Sun,

Everyday I show an inner scar in succession.

7. I could have found peace if not given my heart to you;

I had not died for still some time, if not grieved to lament,

8. The flood rises if no escape for sighs to divert,

If my poetic feeling impeded, it flows more

9. There are other poets in the world with eloquency.

But the style of Ghalib, they say is unique.

(۱۲)

۱۔ یہ نہ تھی ہماری قِسمت، کہ وصالِ یار ہوتا
اگر اور جیتے رہتے، یہی انتظار ہوتا

۲۔ ترے وعدے پہ جئے ہم، تو یہ جان چھوٹ جانا
کہ خوشی سے مر نہ جاتے، اگر اعتبار ہوتا

۳۔ تری نازکی سے جانا کہ بندھا تھا، عہدِ بودا
کبھی تو نہ توڑ سکتا، اگر استوار ہوتا

۴۔ کوئی میرے دل سے پوچھے تری تیرِ نیم کش کو
یہ خلش کہاں سے ہوتی جو جگر کے پار ہوتا

۵۔ یہ کہاں کی دوستی ہے، کہ بنے ہیں دوست، ناصح
کوئی چارہ ساز ہوتا، کوئی غم گُسار ہوتا

۶۔ گرچہ جاں گُسل ہے، یہ بچیں کہاں کہ دل ہے
غمِ عشق اگر نہ ہوتا، غمِ روزگار ہوتا

۷۔ کہوں کس سے میں کہ کیا ہے، شبِ غم بُری بَلا ہے
مجھے کیا بُرا تھا مرنا، اگر ایک بار ہوتا

۸۔ ہوئے مر کے ہم جو رسوا ہوئے کیوں نہ غرقِ دریا
نہ کبھی جنازہ اُٹھتا، نہ کہیں مزار ہوتا

۹۔ یہ مسائلِ تصوف، یہ ترا بیان، غالبؔ
تجھے ہم ولی سمجھتے، جو نہ بادہ خوار ہوتا

1. यह न थी हमारी किस्मत, कि विसाल-ए-यार होता
अगर और जीते रहते, यही इन्तिज़ार होता

2. तिरे वादे पर जिये हम, तो यह जान, झूट जाना
कि खुशी से मर न जाते, अगर ए'तिबार होता

3. तिरी नाजुकी से जाना, कि बंधा था अह्द बोदा
कभी तू न तोड़ सकता, अगर उस्तुवार होता

4. कोई मेरे दिल से पूछे, तिरे तीर-ए-नीमकश को
यह ख़लिश कहां से होती, जो जिगर के पार होता

5. यह कहां की दोस्ती हैं, कि बने हैं दोस्त नासेह
कोई चारा-साज़ होता, कोई गमगुसार होता

6 अगरचेः जां-गुसिल है, पे कहां बचें कि दिल है
ग़म-ए-इश्क़ गर न होता, ग़म-ए-रोज़गार होता

7. कहूं किससे मैं कि क्या है, शब-ए-ग़म बुरी बला है
मुझे क्या बुरा था मरना, अगर एक बार होता

8. हुए मरके हम जो रूस्वा, हुए क्यों न ग़र्क़-ए-दरिया
न कभी जनाज़ा उठता, न कहीं मज़ार होता

9. यह मसाइल-ए-तसव्वुफ़, यह तिरा ब्यान, ग़ालिब
तुझे हम वली समझते, जो न बादा-ख्वार होता

1. It was not my fortune to meet my beloved,
Had I lived longer anxiously must I have waited more.

2. I knew your promises are false meant to state.
   If I knew these are correct I would have died of happiness and pleasure.
3. From your delicacy, I could tell that your vow was weak
   You could not have broken it, if it were firm.
4. From the half penetrated arrow one should gauge my pleasure;
   If it had fully passed through the liver, it would not prick like this.
5. If the friend simply renders lip sympathy it is friendship futile
   A sincere sympathizer and healer is required and needed
6. Although grief melts the soul and lover's heart can never escape
   If not the pains of love, the worries of the world would have been around
7. Whom should I tell that sorrowful night is terrible to bear?
   Had it meant only once it was no tragedy to die.
8. After death had we been drowned at river; It would have been less disgraceful than death,
   Neither the funeral rite nor the tomb would have reminded of our infamy.
9. O'Ghalib these are spiritual matters to which your description leads.
   Had you not been a wine drinker we would have considered you a saint?

(۱۳)

۱۔ رونے سے، اور عشق میں بے باک ہو گئے
دھوئے گئے ہم اتنے کہ بس پاک ہو گئے

۲۔ صرفِ بہائے مے ہوئے، آلاتِ میکشی
تھے یہ ہی دو حساب سو، یوں پاک ہو گئے

۳۔ رُسوائے دہر گو ہوئے آوارگی سے، تُم
بارے، طبیعتوں کے تو چالاک ہو گئے

۴۔ کہتا ہے کون نالۂ بُلبل کو بے اثر؟
پردے میں گُل کے، لاکھ جگر چاک ہو گئے

۵۔ پُوچھے ہے کیا وجود و عدم اہلِ شوق کا!
آپ اپنی آگ کے خس و خاشاک ہو گئے

۶۔ کرنے گئے تھے اُس سے تغافل کا، ہم گلہ
کی ایک ہی نگاہ کہ، بس خاک ہو گئے

۷۔ اس رنگ سے اُٹھائی کل اس نے اسدؔ کی نعش
دشمن بھی جس کو دیکھ کر غمناک ہو گئے

1. रोने से और इश्क में बेबाक हो गये
धोये गये हम ऐसे, कि बस पाक हो गये

2. सर्फ-ए-बहा-ए-मे हुए आलात-ए-मैकशी
थे यह ही दो हिसाब, सो यों पाक हो गये

3. रूस्वा-ए-दह्र गो हुए आवारगी से तुम
बारे तबी'अतों के तो चालाक हो गये

4. कहता है कौन नालःए-बुलबुल को बे असर
पर्दे में गुल के लाख जिगर चाक हो गये

5. पूछे है क्या वुजूद-ओ-अदम अहल-ए-शौक का
आप अपनी आग के ख़स-ओ-ख़ाशाक हो गये

6. करने गये थे उससे, तग़ाफुल का हम गिला
की एक ही निगाह, कि बस ख़ाक हो गये

7. इस रंग से उठाई कल उसने 'असद' की लाश
दुश्मन भी जिसको देख के ग़मनाक हो गये

1. In weeping for love we have grown bold
We have been washed so much that we are cleansed of any slur.

2. To pay for wine drinking, we disposed off the wine utensils
The two accounts thus have been settled

3. Your universal vagrancy has made you in-famous
Yet your disposition has made you quick and clever.

4. Who says the Nightingale is ineffective?

   The lacs of livers have been torn apart under the veil of the flowers.

5. Why question the existence or non-existence of those in love?

   For in their own fire, they have become straw and dead leafs.

6. We went there to complain of her indifference;

   Her casting one glance reduces us to ashes.

7. He disposed of Asad's dead-body in a manner

   Seeing this even the enemies became disconsolate.

(۱۴)

۱۔ نکتہ چیں ہے، غمِ دل جس کو سنائے نہ بنے
کیا بنے بات، جہاں بات بنائے نہ بنے

۲۔ میں بُلاتا تو ہوں اس کو، مگر اے جذبۂ دل!
اُس پہ بن جائے کچھ ایسی کہ، بنِ آئے نہ بنے

۳۔ کھیل سمجھا ہے، کہیں چھوڑ نہ دے بھول نہ جائے
کاش! یوں بھی ہو کہ بن مرے ستائے نہ بنے

۴۔ غیر پھرتا ہے لئے کیوں ترے خط کو کہ، اگر
کوئی پوچھے کہ یہ کیا ہے، تو چھپائے نہ بنے

۵۔ اس نزاکت کا بُرا ہو، وہ بھلے ہیں تو کیا
ہاتھ آویں، تو اُنہیں ہاتھ لگائے نہ بنے

۶۔ کہہ سکے کون کہ یہ جلوہ گری کِس کی ہے
پردہ چھوڑا ہے اُس نے کہ اُٹھائے نہ بنے

۷۔ موت کی راہ نہ دیکھوں؟ کہ بن آئے نہ رہے
تم کو چاہوں؟ کہ نہ آؤ، تو بُلائے نہ بنے

۸۔ بوجھ وہ سر سے گرا ہے کہ اُٹھائے نہ بنے
کام وہ آن پڑا کہ بنائے نہ بنے

۹۔ عشق پر زور نہیں، ہے یہ وہ آتشِ غالب!
کہ لگائے نہ لگے، اور بُجھائے نہ بنے

1. नुक़्ता चीं है, ग़मे दिल उसको सुनाए न बने
क्या बने बात, जहां बात बनाए न बने

2. मैं बुलाता तो हूं उसको मगर ऐ जज़्बा-ए-दिल
उस पे बन जाए कुछ ऐसी कि आए न बने

3. खेल समझा है, कहीं छोड़ न दे, भूल न जाए
काश यूं भी हो कि बिन मेरे सताए न बने

4 गैर फिरता है, लिए यूं तेरे ख़त को, कि अगर
कोई पूछे कि ये क्या है, तो छुपाए न बने

5. इस नज़ाकत का बुरा हो, वो भले हैं तो क्या
हाथ आए, तो उन्हें हाथ लगाए न बने

6. कह सके कौन कि यह जल्वागरी किसकी है
पर्दा छोड़ा है वो उसने कि उठाए न बने

7. मौत की राह न देखूं कि बिन आए न रहे
तुमको चाहूं कि न आओ, तो बुलाए न बने

8. बोझ वो सर से गिरा है कि उठाए न उठे
काम वो आन पड़ा है कि बनाए न बने

9. इश्क़ पर ज़ोर नहीं, है ये वो आतिश 'ग़ालिब'
क़ि लगाए न लगे, और बुझाए न बने

1. I cannot help telling her of heart's grief even though she is critical all I say
Weaving around once way cannot help. I know fully well.

2. O' craving heart I inivite her to come

You must have some skill and efficiency for forcing her to come.

3. She will not remain content without troubling me,

She takes it as playful-ness lest she may forget.

4. My rival is flaunting your letter in such a way; that if some one to ask him "as what is it"?

And there remains nothing to conceal.

5. The curse be to this delicacy; if beloved is slender, so what?

One would be afraid to touch if she comes into possession

6. This splendid revelation, who can tell?

He has thrown such a curtain as no one can lift,

7. I cannot help awaiting death as surely it will come,

I cannot help calling you, how could I wish not to come?

8. I cannot hope to cope, as I face such huge task,

Such burden is fallen flat, its lifting I cannot help.

9. No control on love, O'Ghalib, it is such a fire

Which one cannot light nor can help extinguishing it.

(۱۵)

۱۔ ہزاروں خواہشیں ایسی کہ، ہر خواہش پہ دم نکلے
بہت نکلے مرے ارمان، لیکن پھر بھی کم نکلے

۲۔ ڈرے کیوں میرا قاتل؟ کیا رہے گا اُس کی گردن پر
وہ خوں، جو چشمِ تر سے، عمر بھر یُوں دم بہ دم نکلے

۳۔ نکلنا خُلد سے آدم کا سنتے آئے تھے لیکن
بہت بے آبرُو ہو کر ترے کوچے سے ہم نکلے

۴۔ مگر لکھوائے کوئی اُس کو خط، تو ہم سے لکھوائے
ہوئی صُبح، اور گھر سے کان پر رکھ کر قلم نکلے

۵۔ ہوئی اس دَور میں منسوب مجھ سے، بادہ آشامی
پھر آیا وہ زمانہ جب جہاں میں جام جم نکلے

۶۔ ہوئی جن سے توقع، خستگی کی داد پانے کی
وہ ہم سے بھی زیادہ خستہ، تیغ ستم نکلے

۷۔ محبت میں نہیں ہے فرق، جینے اور مرنے کا
اُسی کو دیکھ کر جیتے ہیں، جس کافر پہ دم نکلے

۸۔ کہاں مے خانہ کا دروازہ، غالبؔ! اور کہاں واعظ!
پر اتنا جانتے ہیں کہ کل وہ جاتا تھا کہ ہم نکلے

1. हज़ारों ख़्वाहिशें ऐसी, कि हर ख़्वाहिश पे दम निकले
बहुत निकले मेरे अरमान, लेकिन फिर भी कम निकले

2. डरे क्यों मेरा कातिल क्या, रहेगा उसकी गर्दन पर
वह खूं जो चश्म-ए-तर से 'उम्र भर यों दम बदम निकले

3. निकलना खुलद से आदम का सुनते आये थे, लेकिन
बहुत बे आबरू होकर तिरे कूचे से हम निकले

4. मगर लिखवाये कोई उसको ख़त, तो हम से लिखवाये
हुई सुबह, और घर से कान पर रख कर कलम निकले

5. हुई इस दौर में मंसूब मुझसे बादा आशमी
फिर आया वह जमाना, जो जहां में जाम-ए-जम निकले

6. हुई जिन से तवक़्क़ो'ए, ख़स्तगी की दाद पाने की
वह हम से भी ज़ियादा ख़स्ता-ए-तेग-ए-सितम निकले

7. महब्बत में नहीं हैं फ़र्क, जीने और मरने का
उसी को देख कर जीते हैं, जिस काफिर पे दम निकले

8. कहां मैख़ाने का दरवाज़ा ग़ालिब, और कहां वा'अिज़
पर इतना जानते हैं, कल वह जाता था, कि हम निकले

1. There are thousand of desires I would feel like dying for each;
Still a few to satiate, although many of my longings have been fulfilled

2. Why should my slayer be afraid of guilt on his head?
For my whole life, the blood has flown from my wet eyes

3. We have heard much how Adam was expelled from heaven

   We have most shamefully turned out from your alley.

4. If any one wants to send a letter we shall write for him;

   From home since morn with pen stuck behind the ear, we come out our home.

5. In this age, wine drinking has been attributed to me,

   Again the time has come for jamshed's crystal goblet to appear.

6. Those from whom we had expected to sympathise with us,

   We found them more dejected by the sword of tyranny.

7. In love no difference between life and death;

   We live for the sight of same infidel for whom we give up our life.

8. For be it for us, O'Ghalib to see the preacher at the tavern door;

   We only know that yesterday he was entering as we were coming out.

(۱۶)

۱۔ تسکین کو ہم نہ روئیں، جو ذوقِ نظر ملے
حورانِ خُلد میں تری صورت مگر مِلے

۲۔ اپنی گلی میں مُجھ کو نہ کر دفن بعدِ قتل
مرے پتے سے خلق کو کیوں ترا گھر ملے

۳۔ ساقی گری کی شرم کرو آج، ورنہ ہم
ہر شب پیا ہی کرتے ہیں مَے جس قدر ملے

۴۔ تُجھ سے تو کچھ کلام نہیں، لیکن اے ندیم!
میرا سلام کہیو، اگر نامہ بر ملے

۵۔ تم کو بھی ہم دکھائیں کہ مجنوں نے کیا، کیا
فرصت کشاکشِ غمِ، پنہاں سے گر ملے

۶۔ لازم نہیں کہ خِضر کی ہم پیروی کریں
مانا کہ اِک بزرگ ہمیں ہم سفر ملے

۷۔ اے ساکنانِ کوچۂ دلدار! دیکھنا
تم کو کہیں جو غالبِ آشفتہ سر ملے

1. तस्कीं को हम न रोयें, जो ज़ौक़-ए-नज़र मिले
हूरान-ए-खुल्द में तिरी सूरत मगर मिले

2. अपनी गली में, मुझको न कर दुनख बाद-ए-क़त्ल
मेरे पते से ख़ल्क को क्यों तेरा घर मिले

3. साक़ीगरी की शर्म करो आज, वर्ना हम
हर शब पिया ही करते हैं मे जीस कदर मिले

4. तुझसे तो कुछ कलाम नहीं, लेकिन ऐ नदीम
मेरा सलाम कहीयो, अगर नामा-बर मिले

5. तुमको भी हम दिखायें, कि मजनूँ ने क्या किया
फुर्सत कशाकश-ए-ग़म-ए-पिन्हां से गर मिले

6. लाज़िम नहीं, कि ख़िज़र की हम पैरवी करे
माना कि इक बुजुर्ग हमें हमसफर मिले

7. ऐ साकिनान-ए-कूचा-ए-दिल्दार, देखना
तुमको कहीं जो ग़ालिब-ए-आशुफता सर मिले

1. Thy glance if available to us, is so satisfying, we shall shed-tears for peace of mind.
Thy resemblance is only among the houris in paradise.

2. After I have been slain, do not bury me in your alley.
Why should people through my tomb come across your house?

3. Every night we drink wine as much as we can get.
Have regard for us, as today you are playing the role of saqi.
4. To you, I have nothing to complain my best companion.
If you meet the messenger you recommended, just wish her well on my behalf.
5. If our hidden sorrow give us respite from distraction
We can emulate legendary love of Majnun.
6. Although a saintly person met us as co-passenger.
It is not necessary to follow the Khizr's path way and foot-steps.
7. O' residents of beloved's street.
If you meet the distracted Ghalib, look out with respect he deserves.

(۱۷)

۱۔ دلِ ناداں تجھے ہوا کیا ہے؟
آخر اِس درد کی دوا کیا ہے؟

۲۔ ہم ہیں مشتاق اور وہ بے زار
یا الٰہی! یہ ماجرا کیا ہے؟

۳۔ میں بھی مُنّھ میں زبان رکھتا ہوں
کاش پُوچھو کہ "مُدعّا کیا ہے"؟

۴۔ جب کہ تجھ بِن نہیں کوئی موجُود
پھر یہ ہنگامہ اے خدا کیا ہے؟

۵۔ سبزہ و گل کہاں سے آئے ہیں؟
ابر کیا چیز ہے ہوا کیا ہے؟

۶۔ ہم کو ان سے وفا کی ہے اُمیّد
جو نہیں جانتے وفا کیا ہے

۷۔ ہاں بھلا کر، تِرا بھلا ہوگا
اور درویش کی صدا کیا ہے

۸۔ جان تُم پہ نثار کرتا ہوں
میں نہیں جانتا دُعا کیا ہے

۹۔ میں نے مانا کہ کچھ نہیں غالب!
مفت ہاتھ آئے تو بُرا کیا ہے

1. दिल-ए-नादां, तुझे हुआ क्या है

आख़िर इस दर्द की दवा क्या है

2. हम हैं मुश्ताक़ और वह बेज़ार

या इलाही, यह माजरा क्या है

3. मैं भी मुंह में जुबान रखता हूं

काश पूछो, कि "मुद्दआ क्या है?"

4. जबकि तुझ बिन नहीं कोई मौजूद

फिर यह हंगामा ऐ खुदा क्या है

5. सब्ज़ा-आ-गुल कहां से आये हैं

अब्र क्या चीज़ है, हवा क्या है

6. हमको उनसे वफा की है उम्मीद

जो नहीं जानते, वफा क्या है?

7. हां भला कर, तिरा भला होगा

और दर्वेश की सदा क्या है

8. जान तुम पर निसार करता हूं

मैं नहीं जानता, दुआ क्या है

9. मैं ने माना कि कुछ नहीं ग़ालिब

मुफत हाथ आये, तो बुरा क्या है?

1. What remedy can there be for your pain?

O Way-ward heart, what is your disease like?

2. Our longing is met by her disgust,

O God, what is this all about?

3. I too have tongue in cheek,

I wish you ask as to what I desire?

4. O God, what is all this noisy turmoil?

When nothing exists in this world besides you.

5. Where from greenery and flowers come?

What of wind and cloud as they come and go?

6. We expect fidelity from beloved,

Who does not even know what its basics are?

7. Obliged by goodness it shall bring good to you,

What else is call of the holy person?

8. I do not know what is prayer for blessing,

I pledge my life to you humbly.

9. I lived free of guilt which is itself an investment,

Although I admit the birth of Ghalib is nothing.

(۱۸)

۱۔ کب وہ سنتا ہے کہانی میری
اور پھر وہ بھی زبانی میری

۲۔ خلشِ غمزۂ خونریز نہ پُوچھ!
دیکھ خونابہ فشانی میری

۳۔ کیا بیان کر کے میرا روئیں گے یار
مگر آشفتہ بیانی میری

۴۔ ہوں زخُود رفتۂ بیدائے خیال
بھول جاتا ہے، نشانی میری

۵۔ متقابل ہے، مقابل میرا
رُک گیا، دیکھ روانی میری

۶۔ قدرِ سنگِ سرِ رہ رکھتا ہوں
سخت ارزاں، ہے گرانی میری

۷۔ گردِ بادِ رہِ بے تابی ہوں
صرصر شوق، ہے بانی میری

۸۔ دہن اُس کا، جو نہ معلوم ہُوا
کھُل گئی ہیچ مدانی میری

۹۔ کر دیا ضُعف نے عاجز، غالب!
ننگِ پیری ہے جوانی میری

1. कब वह सुनता है कहानी मेरी

और फिर वह भी ज़बानी मेरी

2. ख़लिश-ए-ग़मजा-ए-खूंरेजं न पूछ

देख खूंनाबा-फिशानी मेरी

3. क्या बयां करके मिरा, रोयेंगं यार

मगर आशुफता बयानी मरी

4. हूं ज़िखुद रफता-ए-बेदाये ख़याल

भूल जाना है, निशनी मेरी

5. मुतक़ाबिल है, मुक़ाबिल मेंरा

रूक गया, देख रवानी मेरी

6. कर्द-ए-संग-ए-सर-ए-रह रखता हुं

सख़्त अरज़ां है, गिरानी मेरी

7. गर्द बाद-ए-रह-ए-बेताबी हूं

सरसर-ए-शौक़ है, बानी मेरी

8. दहन उसका, जो न मालूम हुआ

खुल गई हैच मदानी मेरी

9. कर दिया जो'फ ने आज़िज़, ग़ालिब

नंग-ए-पीरी है, जवानी मेरी

1. When does she ever care to listen to my story?
And if at all she does, it is not from my person.
2. Do not ask about the piercing glance of her cruel style,
Look at my blood-shedding tears thereby.
3. What will they relate weeping at my death?
Perhaps they will relate the fantasies in my speech.
4. Forgetfulness is my identification,
As I am a vagrant wanderer of thoughts.
5. My rival and I are oppossed to each other
The fluency of my speech silenced him.
6. I am causing obstruction like a stone on the way
But very cheap is my weightiness.
7. I am a whirlwind on the path of impatience
My ambition is the cause of my existence.
8. My ignorance was disclosed,
When I could not locate her mouth.
9. Ghalib, my feebleness has made me helpless,
Even my youth is a shame for oldage.

(۱۹)

۱۔ وہ آ کے خواب میں، تسکینِ اِضطراب تو دے
دلے مجھے تپشِ دل، مجالِ خواب تو دے

۲۔ کرے ہے قتل، لگاوٹ میں ترا رو دینا
تری طرح کوئی تیغِ نگہ کو آب تو دے

۳۔ دکھا کے جُنبشِ لب ہی، تمام کر ہم کو
نہ دے جو بوسہ تو مُنّھ سے کہیں جواب تو دے

۴۔ پلادے اوک سے ساقی، جو ہم سے نفرت ہے
پیالہ گر نہیں دیتا، نہ دے شراب تو دے

۵۔ اسد، خُوشی سے میرے ہاتھ پاؤں پُھول گئے
کہا جو اُس نے "میرے پاؤں داب تو دے"

1. वह आके ख़्वाब में, तस्कीन-ए-इज़्तिराब तो दे
वले मुझे तपिश-ए-दिल मजाल-ए-ख़्वाब तो दे

2. करे है क़त्ल, लगावट में तेरा रो देना
तिरी तरह कोई तेग़-ए-निगह को आब तो दे

3. दिखा के जुंबिश-ए-लब ही, तमाम कर हम को
न दे जो बोसा तो मुंह से कहीं जवाब तो दे

4. पिलादे ओक से, साक़ी, जो हम से नफ़रत हैं
पियाला गर नहीं देता, न दे शराब तो दे

5. असद, खुशी से मिरे हाथ पांव फूल गये
कहा जो उसने, "ज़रा मरे पांव दाब तो दे"

1. Let her even in my dream come to mitigate my restlessness
But the distress of my heart will not let me sleep.

2. Your tears of love are slaying me
What else but your glance is so sharp and ruthless like sword?

3. The mere shivering of your lips will finish us off.
If you do not give us a kiss, atleast pour out a reply.

4. If you hate me saqi, pour wine in the hollow of my hands rather than cup.
If you deny me the cup, at-least give me the wine.

5. O Asad, I was delighted
As she wanted me to caress her feet for a little while.

(۲۰)

۱۔ دھوتا ہوں جب میں پینے کو اس سیم تن کے پانو
رکھتا ہے، ضید سے کھینچ کے باہر لگن کے پانو

۲۔ دی سادگی سے جان پڑوں، کوہکن کے پانو
ہیہات! کیوں نہ ٹوٹ گئے پیرزن کے پانو

۳۔ بھاگے تھے ہم بہت، سو اُسی کی سزا ہے یہ
ہو کے اسیر' دابتے ہیں، راہ زن کے پانو

۴۔ مرہم کی جستجو میں جو پھرا ہوں دُور دُور
تن سے سوا فگار ہیں اس خستہ تن کے پانو

۵۔ اللہ رے ذوقِ دشت نوردی کہ، بعد مرگ
ہلتے ہیں خود بہ خود مِرے' اندر کفن کے' پانو

۶۔ ہے جوشِ گل بہار میں یاں تک کہ ہر طرف
اُڑتے ہوئے اُلجھتے ہیں مرغِ چمن کے پانو

۷۔ شب کو کسی کے خواب میں آیا نہ ہو کہیں!
دُکھتے ہیں آج اس بُتِ نازک بدن کے پانو

۸۔ غالبؔ! مِرے کلام میں کیوں کر مزا نہ ہو
پیتا ہوں دھو کے خسروِ شیریں سخن کے پانو

1. धोता हूं जब मैं पीने को, उस सीमतन के पांव
रखता हैं ज़िद से, खेंच के बाहर लगन के पावं

2. दी सादगी से, जान, पड़ूं कोहकन के पांव
हैहात! क्यों न टूट गये, पीरज़न के पांव

3 भागे थे हम बहुत, सो उसी की सज़ा है यह
हो कर असीर दावते हैं, राज़न के पांव

4. मरहम की जुस्तुजू में, फिरा हूं जो दूर दूर
तन से सिवा फ़िगार है, इस ख़स्तातन के पांव

5. अल्लाह रे ज़ौक़-ए-दश्त नवर्दी, कि बाद-ए-मर्ग
हिलते हैं खुद बखुद मिरे, अन्दर कफन के पांव

6. है जोश-ए-गुल बहार में यां तक, कि हर तरफ
उड़ते हुये उलझते हैं, मुर्ग-ए-चमन के पांव

7. शब को किसी के ख़्वाब में आया न हो कहीं
दुखते हैं आज उस बुत-ए-नाजुक बदन के पांव

8. ग़ालिब, मिरे कलाम में क्योंकर मज़ा न हो
पीता हूं धोके खुसरू-ए-शीरीं सुख़न के पांव

1. when washing the feet of that silvery beauty, I might drink the water, thus obtained
My wish she belies and withdraws her feet from the cup of basin.

2. The praise is for Farhad, to lose his life thus, Curse to scheming old woman
Why did not she lose her deceitful feet?

3. We had been running but now as punishment,

We are the prisoner of high-way robber, rubbing his feet.

4. In search of healing ointment, I wandered quite a lot

The feet of the afflicted one are more sore than his body.

5. How wonderful, O Lord my wandering zeal in the wilderness?

Even in my shroud, my feet are still urging for movement.

6. The bird of the garden tries to fly in spring.

Her feet are fast entangaled in the foliage.

7. Perhaps she appeared in the dreams of some one,

Today her fanciful feet are aching.

8. O'Ghalib why not my verses be more joyful?

I tread the style of eloquent Khusrau.

(۲۱)

۱۔ حسنِ مہ، گرچہ بہ ہنگامِ کمال، اچھا ہے
اس سے میرا مہِ خورشید جمال اچھا ہے

۲۔ بوسہ دیتے نہیں اور دل پہ ہے ہر لحظہ نگاہ
جی میں کہتے ہیں کہ، مُفت آئے تو مال اچھا ہے

۳۔ اور بازار سے لے آئے، اگر ٹوٹ گیا
ساغرِ جم سے مِرا جامِ سفال اچھا ہے

۴۔ بے طلب دیں، تو مزہ اس میں سِوا ملتا ہے
وہ گدا، جس کو نہ ہو خُوئے سوال، اچھا ہے

۵۔ اُن کے دیکھے سے جو آجاتی ہے مُنھ پہ رونق
وہ سمجھتے ہیں کہ، بیمار کا حال اچھا ہے

۶۔ دیکھئے، پاتے ہیں عُشّاق بتوں سے کیا فیض!
اک برہمن نے کہا ہے کہ، یہ سال اچھا ہے

۷۔ قطرہ دریا میں جو مل جائے تو دریا ہو جائے
کام اچھا ہے وہ، جس کا کہ مآل اچھا ہے

۸۔ ہم کو معلوم ہے، جنّت کی حقیقت، لیکن
دل کے خوش رکھنے کو، غالبؔ! یہ خیال اچھا ہے

1. हुस्न-ए-मह, गरचाः ब हंगामा-ए-कमाल, अच्छा
उससे मेरा मह-ए-खुर्शीद जमाल अच्छा है

2. बोसा देते नहीं, और दिल प है हर लह्ज़ा निगाह
जी में कहते हैं, कि मुफत आये, तो माल अच्छा है

3. और बाज़ार से ले आये, अगर टूट गया
साग़र-ए-जम से मिरा जाम-ए-सिफाल अच्छा है

4. बेतलब दें तो मज़ा उसमें सिवा मिलता हैं
वह गदा, जिसको न हो खू-ए-सवाल, अच्छा है

5. उनके देखे से, जो आजाती है मुंह पर रौनक़
वह समझते हैं कि बीमार हा हाल अच्छा है

6. देखिये, पाते हैं, उश्शक़ बुतों से क्या फ़ैज़
इक ब्रह्मन ने कहा है, कि यह साल अच्छा है

7. क़तरा दरिया में जों मिल जाये तो दरिया हो जाय
काम अच्छा है वह, जिसका कि मआल अच्छा है

8. हम को मालूम है, जन्नत की हक़ीक़त, लेकिन
दिल के खुश रखने को ग़ालिब, ख़्याल अच्छा है

1. The brightness of the full moon is lovely,
But the beauty of my beloved is just as good as sun.

2. Every moment she keeps an eye but does not give kiss.
Her eyes on my heart thinking it as free of cost a good bargain.

3. We get another from the market if it breaks

   O' Jamshed's world showing cup, my earthen bowl is comparable

4. It is more enjoyable in getting without asking

   The one who is not habitual beggar is good.

5. By seeing her, my whole face is brightened

   The beloved thinks that the ailing ones condition is better.

6. A Brahmin has predicted a coming good year.

   Let us see what benefit the lovers recieve from the idols.

7. It matters what is finally good.

   The drop mingling with the river becomes river itself.

8. We know the reality of paradise

   O'Ghalib as a surmise it is wishfully good.

(۲۲)

۱۔ ہم سے کھل جاؤ بوقتِ مے پرستی ایک دن
ورنہ ہم چھیڑیں گے رکھ کے عذرِ مستی ایک دن

۲۔ غرّہ اوجِ بنائے عالَمِ اِمکاں نہ ہو
اس بلندی کے نصیبوں میں ہے پستی ایک دن

۳۔ قرض کی پیتے تھے مے، لیکن سمجھتے تھے کہ ہاں،
رنگ لاوئے گی ہماری فاقہ مستی ایک دن

۴۔ نغمہ ہائے غم کو بھی، اے دل! غنیمت جانئے
بے صدا ہو جائے گا یہ سازِ ہستی ایک دن

۵۔ دھول دھپّا اس سراپا ناز کا شیوہ نہیں
ہم ہی کر بیٹھے تھے، غالبؔ! پیش دستی ایک دن

1. हमसे खुल जाओ वक्क़्त-ए-मे परस्ती, एक दिन
वर्ना हम छेड़ेगे, रखकर उज्र-ए-मस्ती एक दिन

2. ग़ैर्रा-ए-औज-ए-बिना-ए-आलम-ए-इम्कां न हो
इस बुलन्दी के नसीबों में हैं पस्ती, एक दिन

3. कर्ज़ की पीते थे मै, लेकिन समझते थे, कि हां
रंग लायेगी हमारी फ़ाक़ा मस्ती एक दिन

4. नग्माहा-ए-ग़म को भी, अय दिल ग़नीमत जानिये
बेसदा हों जायेगा, यह साज-ए-हस्ती एक दिन

5. धोल धप्पा उस सरापा नाज़ का शेवा नहीं
हम ही कर बैठे थे, ग़ालिब पेशदस्ती एक दिन

1. One day, be free with us at the time of drinking wine,
Otherwise, we shall tease you pretending drunk being out of control one day.
2. In the world do not feel proud even of the highest position;
As the highest is destined to go down one day.
3. We were drinking on borrowed cash, knowing all the time
That living beyond our means will mean dispossession one day.
4. The instrument of existence will be silent, one day
O' heart, even the notes of sadness should be considered blessed
5. Aggravation and aggression are not the habit of that graceful one;
O'Ghalib it was me who initiated this style one day.

(۲۳)

۱۔ آہ کو چاہئے اِک عمر اثر ہونے تک
کون جیتا ہے تری زُلف کے سر ہونے تک

۲۔ دام ہر موج میں، ہے حلقۂ صد کامِ نہنگ
دیکھیں کیا گزرے ہے قطرے پہ گہرُ ہونے تک

۳۔ عاشقی صبر طلب، اور تمنا بے تاب
دل کا کیا رنگ کروں خونِ جگر ہونے تک

۴۔ ہم نے مانا کہ تغافل نہ کروگے لیکن
خاک ہو جائیں گے ہم، تُم کو خبر ہونے تک

۵۔ پرتوِ خور سے، ہے شبنم کو فنا کی تعلیم
میں بھی ہوں، ایک عنائیت کی نظر ہونے تک

۶۔ یک نظر بیش نہیں فُرصتِ ہستی غافل!
گرمیِ بزم ہے اِک رقصِ شرر ہونے تک

۷۔ غمِ ہستی کا اسدؔ کس سے ہو جُز مرگِ علاج
شمع ہر رنگ میں جلتی ہے سحر ہونے تک

1. आह को चाहिये इक उम्र, असर होने तक

कौन जीता हैं तिरी जुल्फ के सर होने तक

2. दाम-ए-हर मौज में है, हल्का-ए-सद काम-ए-निहंग

देखें क्या गुज़रे हैं क़तरे प, गुहर होने तक

3. आशिक़ी सब्र तलब और तमन्ना बेताब

दिल का क्या रंग करूं, ख़ून-ए-जिगर होने तक

4. हमने माना कि तग़ाफ़ुल न करोगे, लेकिन

ख़ाक हो जायेंगे हम, तुमको ख़बर होने तक

5. परतव-ए-खुर से है शबनम को, फना की ता'लीम

मैं भी हूं एक इनायत की नज़र होने तक

6. यक नज़र बेश नहीं, फुर्सत-ए-हस्ती ग़ाफ़िल

गर्मि-ए-बज़्म है, इक रक्स-ए-शरर होने तक

7. ग़म-ए-हस्ती का, असद किससे हो जुज मर्ग इलाज

शम'अ हर रंग में जलती है सहर होने तक

1. For sighs to take effect, it takes an age.

   Who could survive till your hair locks become my captive?

2. In the net of every wave, hundred gaping mouths are hidden;

   Let us see, what happens to the water drop before it becomes a pearl.

3. My desire is restless, but love demands patience, what can I do with my heart?
Till my liver is filled with blood.

4. Admitted that you will not become indifferent to us;
But we will be dead and part of dust before the message reaches you.

5. The dew learns how to disappear before radiance,
I will live as long as your favouring glance is there.

6. The leisure of existance lasts but the wink of an eye;
The warmth of assembly lasts till the dance of flames is over.

7. O Asad, none can cure the griefs of life but death;
Until the break of dawn the candle keeps itself burning.

(۲۴)

۱۔ درد مِنّتِ کشِ دوا نہ ہوا
میں نہ اچھا ہُوا، بُرا نہ ہوا

۲۔ جمع کرتے ہو کیوں رقیبوں کو
اک تماشہ ہوا، گلہِ نہ ہوا

۳۔ ہم کہاں قِسمت آزمانے جائیں
تو ہی جب خنجر آزما نہ ہوا

۴۔ کتنے شیریں ہیں ترے لب کہ رقیب
گالیاں کھا کے بے مزا نہ ہوا

۵۔ ہے خبر گرم اُن کے آنے کی
آج ہی گھر میں بوریا نہ ہوا

۶۔ کیا وہ نمرودؔ کی خُدائی تھی؟
بندگی میں مِرا بھلا نہ ہوا

۷۔ جان دی، دی ہوئی اُسی کی تھی
حق تو یہ ہے کہ حق ادا نہ ہوا

۸۔ کُچھ تو پڑھیے، کہ لوگ کہتے ہیں
''آج غالبؔ غزل سَرا نہ ہُوا''

1. दर्द मिन्नत कश-ए-दवा न हुआ
मैं न अच्छा हुआ, बुरा न हुआ

2. जमा करते हो क्यों रक़ीबों को
इक तमाशा हुआ, गिला न हुआ

3. हम कहां क़िस्मत आज़माने जायें
तू ही जब ख़ंजर आज़मा न हुआ

4. कितने शीरीं हैं तेरे लब, कि रक़ीब
गालियां खा के बेमज़ा न हुआ

5. है ख़बर गर्म उनके आने की
आज ही, घर में बोरिया न हुआ

6. क्या वह नमरूद की खुदाई थी?
बन्दगी में मिरा भला न हुआ

7. जान दी, दी हुई उसी की थी
हक़ तो यह है, कि हक़ अदा न हुआ

8. कुछ तो पढ़िये, कि लोग कहते हैं
"आज ग़ालिब गज़ल सरा न हुआ"

1. It was a blessing that I am not cured;
My pain owed nothing to medicinal treatment .

2. You collect my rivals thus I am complaining
As if it was an entertaining and not my grievance

3. Since your dagger will not be tested on us

Where should we go to test our destiny?

4. How sweet thy lips! even the rival

By thy abusive words was not sour

5. The rumour was that she would pay a visit;

In coincidence no mat does grace my house.

6. Was it to the divinity of Nimrud offered

That my devotion has been unrewarded?

7. This life, bestowed on me by Him, I offered;

In truth my debt's not yet repaid to Him.

8. What a pity, Ghalib is not singing his ghazal today.

Why not let him recite something as people desire?

(۲۵)

۱۔ ابنِ مریم ہوا کرے کوئی
مرے دُکھ کی دوا کرے کوئی

۲۔ کیا کِیا خِضر نے سکندر سے؟
اب کسے رہنما کرے کوئی؟

۳۔ نہ سُنو، گر بُرا کہے کوئی
نہ کہو، گر بُرا کرے کوئی

۴۔ بک رہا ہوں جنوں میں کیا کیا کچھ!
کچھ نہ سمجھے، خُدا کرے کوئی

۵۔ روک لو، گر غلط چلے کوئی
بخش دو، گر خطا کرے کوئی

۶۔ چال، جیسے کڑی کمان کا تیر
دل میں ایسے کہ جا کرے کوئی!

۷۔ کون ہے، جو نہیں حاجتمند؟
کِس کی حاجت روا کرے کوئی

۸۔ جب توقع ہی اُٹھ گئی غالب!
کیوں کسی کا گلِا کرے کوئی؟

1. इब्न-ए-मरियम हुआ करे कोई
मेरे दुख की दवा करे कोई

2. क्या किया खिज़्र ने सिकन्दर से?
अब किसे रहनुमा करे कोई?

3. न सुनो, गर बुरा कहे कोई?
न कहो, गर बुरा करे कोई

4. बक रहा हूं जुनूं में क्या क्या कुछ!
कुछ न समझे, ख़ुदा करे, कोई!

5. रोक लो, गर ग़लत चले कोई
बख़्श दो, गर ख़ता करे कोई

6. चाल, जैसे कड़ी कमान का तीर
दिल में ऐसे के जा करे कोई!

7. कौन है, जो नहीं हैं हाजतमन्द
किस की हाजत रवा करे कोई

8. जब तवक्क़ो'अ ही उठ गई, ग़ालिब
क्यों किसी का गिला करे कोई?

1. My pain should be cured
If he may be the holy Mary's son

2. What was it Khizr did to Alexander?
Whom can we now accept as guide?

3. Do not listen if someone talks ill of you;
Say nothing it anyone harms you.

4. I know not what non-sense I talk in my madness;

Pray to God that no one understands me.

5. Hold in back if some does wrong

But if he commits a fault, forgive it.

6. Her gait is like an arrow shot from a full strung bow;

How can one find a place in the heart of such a one

7. Who in this world is not needy?

See whose need one can satisfy.

8. Why should one complain of anyone?

O'Ghalib when all expectation is gone.

(۲۶)

۱۔ پھر مُجھے دیدۂ تر یاد آیا
دل، جگر تشنۂ فریاد آیا

۲۔ دم لیا تھا نہ قیامت نے ہنوز
پھر، ترا وقتِ سفر یاد آیا

۳۔ عذرِ وا ماندگی، اے حسرتِ دل!
نالہ کرتا تھا، جگر یاد آیا

۴۔ سادگی ہائے تمنّا، یعنی
پھر وہ نیرنگِ نظر یاد آیا

۵۔ کوئی ویرانی سی ویرانی ہے!
دشت کو دیکھ کے گھر یاد آیا

۶۔ آہ وہ جرأتِ فریاد کہاں
کیوں ترا راہ گُزر یاد آیا

۷۔ کیا ہی رضواں سے لڑائی ہوگی
گھر ترا خُلد میں گر یاد آیا

۸۔ میں نے مجنوں پہ لڑکپن میں، اسدؔ!
سنگ اُٹھایا تھا، کہ سر یاد آیا

1. फिर मुझे दीदा-ए-तर याद आया
दिल, जिगर तश्ना-ए-फ़रियाद आया

2. दम लिया था न क़यामत ने हनोज़
फिर तिरा वक़्त-ए-सफर याद आया

3. उज़्र-ए-वामान्दगी, अय हसरत-ए-दिल
नाला करता था, जिगर याद आया

4. सादगी हा-ए-तमन्ना यानी
फिर वह नैरंग-ए-नज़र याद आया

5. कोई वीरानी सी वीरानी है
दश्त को देख के घर याद आया

6. आह वह जुरअत-ए-फरियाद कहां
दिल से तंग आ के जिगर याद आया

7. ज़िन्दगी यों भी गुज़र ही जाती
क्यों तिरा राहगुज़र याद आया

8. क्या ही रिज़्वां से लड़ाई होगी
घर तिरा खुल्द में गर याद आया

9. मैं ने मजनूं पे लड़कपन में असद
संग उठाया था, कि सर याद आया

1. My heart rendering complaints I recall
Again my tearful eye-roll I recollect

2. As yet I have not over-come the trauma of Dooms' Day
Your departure and its timing still I recall hurting me

3. Lack of spirit and goal ahead I recall

These are excuses for trailing way behind.

4. The role of unsatisfied desires, I recall

What wishful thinking I adhered?

5. There is no limit to desolation

When I saw the desert my home I remembered.

6. I have no courage left for complaining

Disgusted with the heart I remembered the liver.

7. Somehow I could have spent my life even otherwise

I repent why I frequented your path way.

8. A quarrel will arise between me and guard of heaven

If I remembered your abode in paradise,

9. O Asad, in my adulthood I once picked up a stone, to strike Majnun

But at once my head I remembered.

(۲۷)

۱۔ دل سے تری نگاہ، جگر تک اُتر گئی
دونوں کو اک ادا میں رضا مند کر گئی

۲۔ نظارے نے بھی کام کیا واں نقاب کا
مستی سے ہر نگہ ترے رُخ پر بکھر گئی

۳۔ وہ بادۂ شبانہ کی سر مستیاں کہاں!
اٹھیے بس اب کہ لذت خوابِ، سحر گئی

۴۔ اڑتی پھرے ہے خاک مری، کوُئے یار میں
بارے اب اے ہوا، ہوسِ! بال و پر گئی

۵۔ دیکھو تو دل فریبیِ اندازِ نقش پا
موجِ خرامِ یار بھی کیا گُل کتر گئی

۶۔ ہر بُوالہوس نے حُسن پرستی شعار کی
اب آبروئے شیوۂ اہلِ نظر گئی

۷۔ فرداودی کا تفرقہ یک بار مِٹ گیا
کل تم گئے کہ ہم پہ قیامت گُزر گئی

۸۔ مارا زمانے نے اسد اللہ خاں! تمہیں
وہ ولولے کہاں، وہ جوانی کِدھر گئی؟

1. दिल से तिरी निगाह जिगर तक उतर गई
दोनों को इक अदा में रज़ामन्द कर गई

2. नज़ारे ने भी काम किया वां निकाब का
मस्ती से हर निगह तिरे रूख़ पर बिखर गई

3. वह बादा-ए-शबाना की सरमस्तियां कहां
उठिये बस अब, कि लज़्ज़त-ए-ख़्वाब-ए-सहर गई

4. उड़ती फिरे है ख़ाक मिरी, कू-ए-यार में
बारे अब ऐ हवा, हवस-ए-बाल-ओ-पर गई

5. देखा तो दिलफ़रेबि-ए-अन्दाज़-ए-नक़्श-ए-पा
मौज-ए-ख़िराम-ए-यार भी, क्या गुल कतर गई

6. हर बुल्हवस ने हुस्न परस्ती शि'आर की
अब आबरू-ए-शेवा-ए-अहल नज़र गई

7. फ़रदा-ओ दीं का तफ़रिक़ा यक बार मिट गया
कल तुम गये, कि हम पे क़यामत गुज़र गई

8. मारा ज़माने ने, असदुल्लाह खां तुम्हें
वह वलवले कहां, वह जवानी किधर गई

1. Your glance as an arrow has pierced right from heart to liver;

   At last this has unified both of them.

2. Gazing itself acted as a veil,

   In rapturous intoxication a gaze spread over your face.

3. Where are those drinking sessions of night?

now get up

The delight of morning sleep has gone.

4. In the street of my beloved, my dust hovers around

O' wind the desire for feathers and wings is gone.

5. Look at the heart alluring style of her foot print,

Her graceful walk as plucked the rose from the rose branch.

6. Every friend with lustfulness is pursuing flirtatious acts

Artfulness of love has lost now its fulsome brace.

7. Yesterday when you left, Dooms day over-took us,

The difference between yesterday and today has appeared.

8. Asadullah khan, time has killed you

Where have gone those desires and your youthful grace?

(۲۸)

۱۔ دوست، غم خواری میں میری، سعی فرماوئیں گے کیا
زخم کے بھرنے تلک ناخن نہ بڑھ آوئیں گے کیا

۲۔ بے نیازی حد سے گزری بندہ پرور کب تلک
ہم کہیں گے حالِ دل اور آپ فرماوئیں گے کیا؟

۳۔ حضرت ناصح گر آئیں، دیدہ و دل فرشِ راہ
کوئی مجھ کو یہ تو سمجھا دو کہ سمجھاوئیں گے کیا

۴۔ آج واں تیغ و کفن باندھے ہوئے جاتا ہوں میں
عذر میرے قتل کرنے میں وہ اب لائیں گے کیا؟

۵۔ گر کیا ناصح نے ہم کو قید، اچھا، یوں سہی
یہ جنونِ عشق کے انداز چھٹ جائیں گے کیا؟

۶۔ خانہ زادِ زُلف ہے، زنجیر سے بھاگیں گے کیوں
ہیں گرفتارِ وفا زنداں سے گھبرائیں گے کیا؟

۷۔ ہے اب اس معمورہ میں قحطِ غمِ اُلفت، اسد!
ہم نے مانا کہ دلی میں رہیں کھاوئیں گے کیا؟

1. दोस्त ग़मख्वारी में मेरी, स'इ फ़रमायेंगें क्या
ज़ख़्म के भरने तलक, नाखुन न बढ़ जायेंगें क्या

2. बेनियाज़ी हद से गुज़री, बन्दा परवर कब तलक
हम कहेगें हाल-ए-दिल, और आप फरमायेंगे क्या

3. हज़रत-ए-नासेह गर आयें, दीदा-ओ-दिल फर्श-ए-राह
कोई मुझको यह तो समझादो, कि समझायेंगे क्या

4. आज वां तेग़-ओ-कफ़न बांधे हुए जाता हूं मैं
उज़्र मेरे क़त्ल करने में वह अब लायेंगें क्या

5. गर किया नासेह ने हम को क़ैद अच्छा, यों सही
यह जुनून-ए-इश्क़ के अन्दाज़ छुट जायेंगे क्या

6. ख़ाना ज़ाद-ए-जुल्फ है, ज़ंजीर से भागेंगे क्यों
है गिरफतार-ए-वफा, जिन्दा से घबरायेंगे क्या

7. है अब इस मा'मूरे में क़ेह्त-ए-ग़म-ए-उल्फत, असद
हम ने यह माना कि दिल्ली में रहें, खायेंगे क्या?

1. How friends will console me in grief?
Before my wound's healing, my finger nails will not contend.

2. Your indifference has really reached the limit.
You will simply say "what"? Even if we descibe our sad plight for quite sometime.

3. Should the respected counsellor offer his advice he is most welcome;

   Let someone explain what subject he dealt with.

4. I go there today carrying my sword and shroud

   what excuse she will render for not slaying me?

5. let it be if we are emprisoned by the counsellor

   The style of our madness shall not leave us If he thinks that.

6. We will not flee from chains as are arrested to her tresses

   We are prisoners of faithfulness, how can we fear prison?

7. There is a famine in the city of the grieving for love; Asad

   Agreed, we should stay in Delhi, but what for?

(۲۹)

۱۔ عشرت قطرہ ہے، دریا میں فنا ہو جانا
درد کا حد سے گزرنا، ہے دوا ہو جانا

۲۔ تجھ سے قسمت مین میری صورتِ قفلِ اَبجَد
تھا لِکھا، بات کے بنتے ہی، جُدا ہو جانا

۳۔ دل ہوا کشمکشِ چارۂ زحمت، میں تمام
مِٹ گیا گھسنے میں اس عقدے کا وا ہو جانا

۴۔ اب جفا سے بھی ہیں محروم ہم، اللہ اللہ!
اس قدر دشمنِ اربابِ وفا ہو جانا!

۵۔ ضعف سے گر یہ مبدّل بہ دمِ سرد ہوا
باور آیا ہمیں، پانی کا ہوا ہو جانا

۶۔ ہے مجھے، ابرِ بہاری کا برس کر کھُلنا
روتے روتے غمِ فرقت مین فنا ہو جانا

۷۔ گر نہیں نکہتِ گل کو ترے کوچے کی ہُوس
کیوں ہے گردِ رہِ جولانِ صبا ہو جانا

۸۔ بخشے ہیں جلوہِ گل کہ ذوقِ تماشہ غالبؔ!
چشم کو چاہیے ہر رنگ میں وا ہو جانا

1. इश्रत-ए-क़तरा है, दरिया में फना हो जाना

दर्द का हद से गुज़रना है दवा हो जाना

2. तुझसे, क़िस्मत में मिरी, सूरत-ए-कुफल-ए-अबजद

था लिखा, बात के बनते ही, जुदा हो जाना

3. दिल हुआ कशमकश-ए-चारा-ज़हमत में तमाम

मिट गया घिसने में इस उक़्दे का वा हो जाना

4. अब जफ़ा से भी हैं महरूम हम, अल्लाह अल्लाह

इस क़दर दुश्मन-ए-अरबाब-ए-वफा हो जाना

5. ज़ोफ से गिरिया-मुबद्दल बेदमे-ए-सर्द हुआ

बावर आया हमें पानी का हवा हो जाना

6. है मुझे अब्र-ए-बहारी का बरस कर खुलना

रोते रोते ग़म-ए-फुर्क़त में, फ़ना हो जाना

7. गर नहीं नकहत-ए-गुल को तिरे कूचे की हवस

क्यों है, गर्द-ए-रह-ए-जौलान-ए-सबा हो जाना

8. बख़्शे है जल्वा-ए-गुल को ज़ौक़-ए-तमाशा, ग़ालिब

चश्म को चाहिचे हर रंग में वा हो जाना

1. To merge in the river is the delight of every drop;

It becomes its own remedy when pain exceeds the limit.

2. Like a combination lock is fate to me;

In the chance of our meeting it bring separation,

Before the love matures.

3. As opening a knot will efface it completely

My heart expired as casualty

In seeking a cure for pain.

4. Even of cruelty we are now deprived ,O God

you have become such a foe to your well-wisher.

5. Through weakness tears become sighs;

Now it is true that water turns into vapour.

6. After heavy rain when spring clouds are clear ;

Its like the lover dying after weeping due to grief of separation.

7. If the scent of the rose did not desire your alley,

Why then the wafting wind it wants to procure?

8. In nature, O' Galib, flowering is invitingly charming

The eyes must always be open to gaze at the colourful world.

۱۔ بسکہ دشوار ہے ہر کام کا آساں ہونا
آدمی کو بھی مُیسّر نہیں انساں ہونا

۲۔ گریہ چاہے ہے خرابی میرے کاشانے کی
در و دیوار سے ٹپکے ہے بیاباں ہونا

۳۔ وائے دیوانگیٔ شوق، کہ ہر دم مُجھ کو
آپ جانا اُدھر اور آپ ہی حیراں ہونا

۴۔ جلوہ از بسکہ تقاضائے نگہِ کرتا ہے
جوہرِ آئینہ بھی چاہے ہے مژگاں ہونا

۵۔ عشرتِ قتل گہ اہلِ تمنّا مت پوچھ
عیدِ نظّارہ ہے شمشیر کا عُریاں ہونا

۶۔ لے گئے خاک میں ہم داغ تمنّائے نشاط
تُو ہو اور آپ بصد رنگِ گلستاں ہونا!

۷۔ کی مرے قتل کے بعد اُس نے جفا سے توبہ
ہائے اُس زودِ پشیماں کا پشیماں ہونا

۸۔ حیف، اُس چار گرہ کپڑے کی قسمت غالب!
جس کی قسمت میں ہو عاشق کا گریباں ہونا

1. बसकि दुश्वार हैं, हर काम का आसां होना
आदमी को भी मुयस्सर नहीं, इन्सां होना

2. गिर ये चाहे है खराबी मिरे काशाने की
दर–ओ–दीवार से टपके है, बयाबां होना

3. वाय दीवानगी–ए–शौक़ कि हर दम मुझको
आप जाना उधर, और आप ही हैरां होना

4. जल्वा अजबस कि तकाज़ा–ए–निगह करता हैं
जौहर–ए–आईना भी चाहे है मिशगां होंना

5. इश्रत–ए–क़त्लगह–ए–अहल–ए–तमन्ना मत पूछ
ईद–ए–नज़्ज़ारा है शमशीर का उरियां होना

6. ले गये ख़ाक में हम, दाग़–ए–तमन्ना–ए–नशात
तू हो, और आप बसद रंग गुलिस्तां होना

7. की मिरे क़त्ल के बाद, उसने जफा से तौबा
हाय उस जूद पशेमां का पशेमां होना

8. हैफ, उस चार गिरह कपड़े की किस्मत, ग़ालिब
जिसकी क़िस्मत में हो, आशिक का गरीबा होन

1. It is defficult for every person to be ever dignified
As it is difficult for every work to be simple.

2. The walls and doors are already in wilderness
My tears are causing a damage to my habitat.

3. When there is no reason to go to beloved alone;

I despise my weakness on this account.

4. The mirror demands that eye-brows must be reflected

It is emulating the style of my beloved.

5. The unsheathed sword is like the Eid-crescent

The pleasure of those seeking to be slain is immense.

6. Though many desires has been denied to us till death,

We wish you all prosperity and pleasure of life.

7. My tormentor left her cruel deeds

How soon she stopped it after my death ?

8. What worst could happen to a garment,

Of a mad lover.

O' Ghalib, what misfortune in store for the cloth?

(۳۱)

۱۔ ہوس کو ہے نشاطِ کارِ کیا کیا!
نہ ہو مرنا تو جینے کا مزا کیا!

۲۔ تجاہل پیشگی سے مدعا کیا؟
کہاں تک اے سراپا ناز کیا کیا

۳۔ نوازشہائے بے جا دیکھتا ہوں
شکایت ہائے رنگیں کا گلا کیا!

۴۔ نگاہِ بے مُحابا چاہتا ہوں
تغافل ہائے تمکیں آزما کیا!

۵۔ فروغِ شعلہ، خس، یک نفس ہے
ہوس کو پاسِ ناموسِ وفا کیا!

۶۔ نفسِ موجِ محیطِ بے خُودی ہے
تغافل ہائے ساقی کا گِلا کیا

۷۔ دل ایک قطرہ ہے سازِ انا البحر
ہم اُس کے ہیں، ہمارا پُوچھنا کیا

۸۔ محابا کیا ہے؟ اے ضامن، ادھر دیکھ
شہیدانِ وفا کا خُونبہا کیا!

۹۔ کیا کِس نے جگر داری کا دعویٰ؟
شِکوائے خاطرِ عاشق بھلا کیا کیا

۱۰۔ بُلائے جاں ہے غالبؔ اس کی ہر بات
عبارت کیا، اشارت کیا، ادا کیا کیا

1. हवस को है नाशात-ए-कार क्या क्या
न हो मरना तो जीने का मज़ा क्या

2. तजाहुल पेशगी से मुद्द'आ क्या
कहां तक, अय सरापा नाज़, क्या, क्या

3. नवाज़िश हाए-बेजा, देखता हू
शिकायतहा-ए-रंगी का गिला क्या

4. निगाह-ए-बेमहाबा चाहता हूं
तगाफुल हा-ए-तमकीं आज़मा क्या

5. फरोग-ए-शो'ला-ए-ख़स यक-नफस है
हवस को पास-ए-नामूस-ए-वफा क्या

6. नफस मोज-ए-मुहीत-ए-बे-खुदी है
तगाफुल हा-ए-साकी का गिला क्या

7. दिल-ए-हर-क़तरा है साज-ए-अनल बहर
हम उसके हैं, हमारा पूछना क्या

8. महाबा क्या है, ऐ जामिन, इधर देख
शहीद-ए-निगह का खूंबहा क्या

9. किया किसने जिगरदारी का दावा
शिकवा-ए-खातिर-ए-आशिक, भला क्या कया

10. बला-ए-जां है, ग़ालिब, उसकी हर बात
इवारत क्या, इशारत क्या, अदा क्या क्या

1. If there were no death, then life's joy would be of less dimension
Desire exults in zest for manifold actions.

2. Why do you show ignorance?
How long will you continue with your haughty style.

3. I see much courtesy shown to the other;
The reason for complaint against me is what?

4. I desire one natural glance from you
Is your indifference is a test for my tolerance?

5. The brightness of the flame from straw is temporary;
Of the honour of fidelity lust knows -----what?

6. The saqi's indifference what for ?
Our breath is a wave on the sea of ecstasy.

7. For man's merger with Divine
Each drop of ocean is an evidence.

8. O' slayer, why this promise which is but a test of patience?
O' infidel, this temptation robs one strength----for what ?

9. In persistence a lover is restless
No one can claim endurance.

10. Whether it be speech, a glance, a graceful style, or what?
Ghalib, each aspect of her is for lover----a calamity.

(۳۲)

۱۔ آکہ میری جان کو قرار نہیں ہے
طاقتِ بیدادِ اِنتظار نہیں ہے

۲۔ دیتے ہیں جنّتِ حیاتِ دہر کے بدلے
نشہ باندازۂ خُمار نہیں ہے

۳۔ گِریہ نکالے ہے تری بزم سے مُجھ کو
ہائے! کہ رونے پہ اختیار نہیں ہے

۴۔ ہم سے عبث ہے گمان رنجش خاطر
خاک میں عُشّاق کے غبار نہیں ہے

۵۔ دل سے اُٹھا لُطفِ جلوہ ہائے معانی
غیر گُل آئینہ بہار نہیں ہے

۶۔ قتل کا میرے کیا ہے عہد تو بارے
وائے اگر عہد استوار نہیں ہے

۷۔ تونے قسم میکشی کی کھائی ہے غالبؔ!
تیری قسم کا کچھ اعتبار نہیں ہے

1. आ, कि मिरी जान को क़रार नहीं है

ताक़त-ए-बेदाद-ए-इन्तिज़ार नहीं है

2. देते हैं जन्नत, हयात-ए-दहर के बदल

नशा बा अन्दाज़ा-ए-खुमार नहीं है

3. गिरिया निकाले है तिरी बज़्म से, मुझको

हाय, कि रोने पे इख़्तियार नहीं है

4. हम से अबस है, गुमान-ए-रंजिश-ए-ख़ातिर

ख़ाक में उश्शाक की गुबार नहीं है

5. दिल से उठा लुत्फ़-ए-जल्वा हा-ए-म'आनी

ग़ैर-ए-गुल, आईना-ए-बहार नहीं है

6. क़त्ल का मेरे किया हैं अह्द तो बारे

वाय, अगर अह्द उस्तुवार नहीं है

7. तू ने क़सम मैकशी की खाई है ग़ालिब

तेरी क़सम का कुछ ए'तिबार नहीं है

1. My soul has no tranquilty, come soon to me
There is no more endurance to bear the agony of waiting.
2. In exchange for this worldly life, they give us heaven
The ecatasy is not in proportion to its effects.
3. What a pity that I have no control over my weeping?
My tears compel me to leave thy assembly.

4. In the nature of lovers, there is no bitterness
It is useless to think that there is grievance in our heart.

5. In your heart, savour the dust of the revelation of sublime realities;
without the flower, there is no mirror for reflections of spring.

6. It would be a pity if your oath does not prove true and firm.
Yor have very well enjoined to kill me

7. There is no surety that your oath will be kept,
O'Ghalib, you have sworn to drink no more.

(۴۳)

۱۔ ہم پر، جفا سے، ترکِ وفا کا گماں نہیں
اک چھیڑ ہے، وگرنہ مراد، امتحاں نہیں

۲۔ کس منھ سے شکر کیجئے اس لطفِ خاص کا
پُرسش ہے، اور پائے سخن درمیاں نہیں

۳۔ ہم کو سِتم عزیز، ستم گر کو ہم عزیز
نا مہرباں نہیں ہے، اگر مہرباں نہیں

۴۔ بوسہ نہیں ،نہ دیجئے، دشنام ہی سہی
آخر زباں تو رکھتے ہو تم، گر وَہاں نہیں

۵۔ ہر چند کہ جان گدازیِ قہر و عتاب ہے
ہر چند پشت گرمیِ تاب و تواں نہیں

۶۔ نقصاں نہیں جنوں میں بلا سے ہو گھر خراب
سو گز زمیں کے بدلے بیاباں گراں نہیں

۷۔ کہتے ہو ''کیا لکھا ہے تری سرِ نوشت میں؟''
گویا جبیں پہ سجدۂ بُت کا نشاں نہیں

۸۔ پاتا ہوں اُس سے داد کچھ اپنے کلام کی
روح القدس اگر چہ مرا ہم زباں نہیں

۹۔ جاں ہے بہائے بوسہ، و لے کیوں کہے، ابھی
غالبؔ کو جانتا ہے کہ وہ نیم جاں نہیں

1. हम पर जफ़ा से, तर्क-ए-वफा का गुमॉ नहीं

इक छेड़ हैं, वगरना मुराद इम्तिहां नही

2. किस मुंह से शुक्र कीजिये, इस लुत्फ-ए-ख़ास का

पुरसिश है और पा-ए-सुखन दरमियां नहीं

3. हमको सितम अज़ीज़, सितमगर को हम अज़ीज़

ना-मंहरबां नहीं है, अगर मेहरबां नहीं

4. बोसा नहीं, न दीजिये, दुश्नाम ही सही

आख़िर ज़बां तो रखते हो तुम, गर दहां नहीं

5. हरचन्द जान गदाज़ीये केहर ओ अताव है

हदचन्द पुश्त गर्मि-ए-ताब-ओ-तवां नहीं

6. नुक्सां नहीं जुनूं में, बला से हो घर ख़राब

सौ गज़ ज़मीं के बदले, बयाबां गिरा नहीं

7. कहते हो, "क्या लिखा है तिरी सरे नोशत में"

गोया जबी प सिज्दा-ए-बुत का निशां नहीं

8. पाता हूं उस से दाद कुछ अपने कलाम की

रूहुलक़ुदुस अगरचे मिरा हमज़बां नहीं

9. जां है बहा-ए-बोसा, वले क्यों कहे, अभी

ग़ालिब को जानता है, कि वह नीमजां नहीं

1. Her cruelty does not imply that she doubts our faithfulness This is an extreme of teasing on her part and not a way of testing.

2. I cannot express my gratitude for her special favour

   She enqiures about me through allusions though she speaks no word

3. The cruel one is fond of us and we of her cruelty

   Neither she is unkind although she is not kind as well.

4. Abuse me if you will not give a kiss

   If you have no mouth, at-least you have a tongue.

5. Although her anger is enough to consume the soul

   My faltering strenght and endurance can tolerate no more.

6. It is no bad bargain if madness destroys my house.

   I gain the whole wilderness for a hundred yards of land.

7. You ask me "what is written in my fate?" as if my forehead

   Does not show the sign made by prostration before the idol.

8. Although Gabriel appreciates my poetry,

   Although his language is different from mine.

9. For one kiss she has fixed price as my whole life,

   Knowing Ghalib is not even half-alive.

(۳۴)

۱۔ عرضِ نیازِ عشق کے قابل نہیں رہا
جس دل پہ ناز تھا مجھے، وہ دل نہیں رہا

۲۔ ہر رُوئے شش جہت درِ آئینہ باز ہے
یاں امتیازِ ناقص و کاملِ نہیں رہا

۳۔ جاتا ہوں داغِ حسرت ہستی لئے ہوئے
ہوں شمعِ کُشتہ درخورِ محفل نہیں رہا

۴۔ مرنے کی، اے دل، اور ہی تدبیر کر کہ میں
شایانِ دست و بازوئے قاتلِ نہی رہا

۵۔ وا کر دئے ہیں شوق نے بندِ نقابِ حسن
غیر از نگاہ، اب کوئی حائل نہیں رہا

۶۔ گو میں رہا رہینِ، ستم ہائے روزگار
لیکن ترے خیال سے غافِل نہیں رہا

۷۔ دل سے ہوائے کِشتِ وفا مٹ گئی کہ واں
حاصل، سوائے حسرت حاصل نہیں رہا

۸۔ بیداد عشق سے نہیں ڈرتا مگر، اسدؔ!
جس دل پہ ناز تھا مجھے وہ دل نہیں رہا

1. अर्ज़-ए-नियाज़-ए-इश्क के क़ाबिल नहीं रहा
जिस दिल प नाज़ था मुझे, वह नहीं रहा

2. वर रू-ए-शश जिहत, दर-ए-आईना बाज़ हैं
यां इम्तियाज़-ए-नाक़िस-ओ-कामल नहीं रहा

3. जाता हूं दाग़-ए-हसरत-ए-हस्ती लिये हुए
हूं शम'-ए-कुश्ता, दर खुर-ए-महफिल नहीं रहा

4. मरने की, अय दिल, और ही तदबीर कर, कि मैं
शायान-ए-दस्त-ओ-बाजु-ए-क़ातिल नहीं रहा

5. वा कर दिये हैं शौक ने, बन्द-ए-निकाब-ए-हुस्न
ग़ैर अज निगाह, अब कोई हाइल नहीं रहा

6. गो मैं रहा रहीन-ए-सितमहाए-रोज़गार
लेकिन तिरे ख़याल से ग़ाफिल नहीं रहा

7. दिल से हवा-ए-किश्त-ए-वफा मिट गई, कि वां
हासिल, सिवाय हसरत-ए-हासिल नहीं रहा

8. बेदाद-ए-इश्क़ से नहीं डरता, मगर असद
जिस दिल पे नाज़ था मुझे, वह दिल नहीं रहा

1. The heart I was proud of can with stand no more
The supplication of my love, I cannot offer to
beloved.

2. Without distinction between flaws and flawlessness
The universe is wide window of opportunity.

3. With life's unfulfilled desires I leave this world,
   I am no longer a burning candle grand for company

4. I do not deserve being slain by beloved any more,
   O heart, you must contrive some other way of dying.

5. Zeal has helped unwrap covers of beauty throughout,
   Barring vision itself, no barrier stand in between.

6. Although I was pawned out to the cruelites of this world
   I was never yet forgetful of remembering you.

7. The desire for fidelity has been up-rooted from my heart
   Her heart too barren to yield anything except in grief.

8. O' Asad, I am not afraid of the trials of love
   But it is not that heart, which I was once proud of.

(۳۵)

۱۔ نے گُلِ نغمہ ہوں نہ پردۂ ساز
میں ہوں اپنی شکست کی آواز

۲۔ تُو اور آرائشِ، خمِ کاکل
میں اور اندیشہ ہائے دُور دراز

۳۔ لافِ تمکین ، فریبِ سادہ دِلی
ہم ہیں، اور راز ہائے سینہ گداز

۴۔ ہوں گرفتارِ اُلفتِ صیّاد
ورنہ باقی ہے طاقتِ پرواز

۵۔ وہ بھی دن ہو کہ اُس سِتم گر سے
ناز کھینچوں، بجائے حسرتِ ناز

۶۔ اے ترا غمزہ، یک قلم انگیز
اے ترا ظلم، سر بہ سر انداز

۷۔ تُو ہُوا جلوہ گر، مبارک ہو
ریزشِ سجدۂِ جبینِ نیاز

۸۔ نہیں دل میں مرے وہ قطرۂ خون
جس سے مژگاں ہوئی نہ ہو گلُباز

۹۔ اسد اللہ خاں تمام ہوا
اے دریغا، وہ رندِ شاہد باز!

1. ने गुल-ए-नगमा हूं, न पर्दा-ए-साज

मैं हूं अपनी शिकस्त की आवाज़

2. तू और आराइश-रेब-म-ए-काकुल

मैं और अन्देशा हाय दूर-ओ-दराज़

3. लाफ-ए-तमकीं, फरेब-ए-सादा दिली

हम हैं, और राज़हा-ए-सीना गुदाज

4. हूं गिरफततार-ए-उलफत-ए-सययाद

वर्ना बाकी हैं ताकत-ए-परवाज़

5. वह भी दिन हो, कि उस सितमगर से

नाज़ खेचूं, बजाय हसरत-ए-नाज़

6. ऐ तिरा गमजा, यक कलम-अँगेज़

ऐ तिरा जुल्म, सर बसर अन्दाज़

7. तू हुआ जल्वा-गर, मुबारक हो

रेज़िश-ए-सिज्दा-ए-जबीन-ए-नियाज़

8. नहीं दिल में मिरे, वह कतरः-ए-खूं

जिस से मिशगां हुई न हो गुलबाज़

9. असदुल्लाह खा तमाम हुआ

अय दरेगा, वह रिन्द-ए-शाहिद बाज़

1. I am an echo of my own defeatist voice

I have neither musical voice, nor musical note.

2. I am embroiled with far fetched distraction
You and your glamorous tresses.

3. The heart cannot resist its being detected
The secret to be kept is inconceivable.

4. I am captive of my cruel beloved's love
Though I have strength to fly off for escape.

5. I wish for the day when I find
From beloved's happy response instead of annoyance.

6. Your bewitching looks make me restless
Your indifference causes such destraction.

7. Happy I am that you visit me
And feel honour when you come in this direction.

8. Though in my eyes full projection found
In my heart, there is not a drop of blood.

9. Asad departed in grief
Though he was fond of wine and woman.

(۳۶)

۱۔ وہ مری چینِ جبیں سے غمِ پنہاں سمجھا
رازِ مکتوب بے ربطیِ عنوان سمجھا

۲۔ یک الف بیش نہیں صیقل آئینہ ہنوز
چاک کرتا ہوں، میں جب سے کہ گریباں سمجھا

۳۔ شرحِ اسبابِ گرفتاریِ خاطر مت پوچھ
اس قدر تنگ ہوا دل کہ میں زنداں سمجھا

۴۔ عجز ہے اپنے یہ جانا کہ وہ بد خُو ہوگا
نبضِ خس سے تپشِ شعلۂ سوزاں سمجھا

۵۔ سفرِ عشق میں کی ضعف نے راحت طلبی
ہر قدم سائے کو میں اپنے شبستاں سمجھا

۶۔ تھا گریزاں مژہ یار سے دل، تا دمِ مرگ
دفعِ پیکانِ، قضا اِس قدر آسان سمجھا

۷۔ دل دیا جان کے کیوں اُس کو وفادار اسد!
غلطی کی کہ جو کافِر کو مسلماں سمجھا

1. वह मिरी चीन-ए-जबीं से, ग़म-ए-पिन्हां समझा
राज़-ए-मक्तूब बे-बरब्ति-ए-उन्वां समझा

2. यक अलिफ बेश नहीं, सैक़ल-ए-आईना हनोज़
चाक करता हूं मैं, जब से कि गरीबां समझा

3. शरह-ए-अस्बाब-ए-गिरफतारि-ए-ख़ातिर, मत पूछ
इस कद्र तंग हुआ दिल, कि मैं ज़िन्दां समझा

4. इज्ज़ से अपने यह जाना, कि वह बदखू होगा
नब्ज़-ए-ख़स से तपिश-ए-शोला-ए-सोज़ां समझा

5. सफ़र-ए-इश्क़ में की ज़ोफ ने राहत तलबी
हर क़दम साये को मैं अपने शबिस्तां समझा

6. था गुरेज़ा मिशा-ए-यार से दिल, ता दम-ए-मर्ग
दफा-ए-पैकान-ए-क़जा इस क़दर आसां समझा

7. दिल दिया जान के क्यों उसको वफादार असद
ग़लती की कि जो काफिर को मुसलमां समझा

1. She read my sorrows through wrinkles of my forehead
The letter content are known from the badly scrawled address

2. A flaw still lines the surface in a finely polished mirror
I cannot mend very well as I have been ripping my front opening, which I came to understand later

3. Do not enquire the cause of my harassment
So full of grief it was, it resembles a prison cell.
4. My humility made me feel that she was ill tempered
From the burning of straw the heat of the flame can be understood.
5. My oldage demanded rest in the journey of love;
At every step I took my shadow as a place of rest
6. Till death I was scared of her piercing in lashes,
I understood escape was easy with fending off fatal nauseous
7. O Asad, why did you give your heart thinking her to be faithful
You blundered considering that kafir as a Musalman

(۳۷)

۱۔ ہوئی تاخیر تو کچھ باعثِ تاخیر بھی تھا!
آپ آتے تھے، مگر کوئی عنان گیر بھی تھا!

۲۔ تم سے بیجا ہے مجھے اپنی تباہی کا گلہ
اس میں کچھ شائبہ خوبیٔ تقدیر بھی تھا

۳۔ تو مجھے بھول گیا ہو تو پتا بتلا دوں
کبھی فتراک میں ترے کوئی نخچیر بھی تھا؟

۴۔ بجلی ایک کوند گئی آنکھوں کے آگے تو کیا!
بات کرتے، کہ میں لبِ تشنۂ تقریر بھی تھا

۵۔ یوسف اُس کو کہوں، اور کچھ نہ کہے، خیر ہوئی
گر بگڑ بیٹھے، تو میں لائقِ تعزیر بھی تھا

۶۔ پیشے میں عیب نہیں، رکھیئے نہ فرہاد کو نام
ہم ہی آشفتہ سروں میں وہ جوانمیر بھی تھا

۷۔ ریختے کے تم ہی اُستاد نہیں ہو، غالبؔ!
کہتے ہیں اگلے زمانے میں کوئی میرؔ بھی تھا

1. हुई ताख़ीर, तो कुछ बा'यस-ए-ताख़ीर भी था

आप आते थे, मगर कोई अनांगीर भी था

2. तुम से बेजा है मुझे अपनी तबाही का गिला

उसमें कुछ शाइबा-ए-खूबि-ए-तक़दीर भी था

3. तू मुझे भूल गया हो, तो बतलादूं

कभी फितराक में तेरे, कोई नखचीर भी था

4. बिजली इक कौन्द गई आंखो के आगे, तो क्या

बात करते कि मैं लब तश्ना-ए-तक़रीर भी था

5. यूसफ उसकी कहुँ, और कुछ न कहे खेर हुइ

अगर बिगड़ बैठे, तो में लाइक-ए-ताज़ीर भी था

6. पेशे में ऐब नहीं, रखिये न फ़रहाद को नाम

हम ही आशुफतासरों में, वह जवां मीर भी था

7. रीख़्ते के तुम्हीं उस्ताद नहीं हो ग़ालिब

कहते हैं, अगले ज़माने में कोई मीर भी था

1. For your coming late, there must be reason

On the way someone perhaps was to help you through.

2. My complaint to you about my destruction

Indeed something lies there as my good fortune in it.

3. If you have forgetten me

Let me give you a clue once there was a prey captive in your saddle strap

4. What of it, if lightining flashing before your eyes?

   I wish you had spoken as I was thirsty for your words.

5. When I compared his beauty with Joseph, he said nothing

   If he felt slighted I deserve punishment

6. No disgrace in profession, to criticise Farhad

   As among us the lovers, he was our leader

7. Ghalilb, you are not the only Master of Urdu;

   In former times, they say there was a man called Mir.

(۳۸)

۱۔ گھر جب بنا لیا ترے در پر، کہے بغیر
جانے گا اب بھی تو نہ مرا گھر، کہے بغیر

۲۔ کہتے ہیں، جب رہی نہ مجھے طاقتِ سخن
جانوں کسی کے دل میں کیوں کر، کہیے بغیر

۳۔ کام اس سے آ پڑا کہ جس کا جہاں میں
لیوے نہ کوئی نام ''ستم گر'' کہے بغیر

۴۔ جی ہی میں کچھ نہیں ہمارے، وگرنہ ہم
سر جائے یا رہے نہ رہیں پر کہے بغیر

۵۔ چھوڑوں گا میں نہ اُس بُتِ کافر کو پُوجنا
چھوڑے نہ خلق گو مجھے کافر کہے بغیر

۶۔ ہر چند ہو مُشاہدۂ حق کی گفتگو
بنتی نہیں ہے، بادہ و ساغر کہے بغیر

۷۔ بہرہ ہوں میں، تو چاہیئے دونا ہو اِلتفات
سنتا نہیں ہوں بات مکرّر کہے بغیر

۸۔ غالب نہ کر حضور میں تو بار بار عرض
ظاہر ہے ترا حال سب اُن پر کہے بغیر

1. घर जब बना लिया तिरे दर पर, कहे बग़ैर
, जानेगा अब भी तू न मिरा घर कहे बग़ैर

2. कहते हैं, जब रही न मुझे ताक़त-ए-सुख़न
जानूं किसी के दिल की मैं क्योंकर कहे बग़ैर

3. काम उससे आ पड़ा, कि जिसका जहान में
लेवे न कोई नाम, सितमगर कहे बग़ैर

4. जी में ही कुछ नहीं है हमारे, वगरना हम
सर जाये या रहे, न रहे पर कहे बग़ैर

5. छोडूंगा मैं न उस बुत-ए-काफिर का पूजना
छोड़े न ख़ल्क गो मुझे काफिर कहे बग़ैर

6. हरचन्द हो मुशाहदा-ए-हक़ की गुफतगू
बनती नहीं हैं, बादा-ओ-सागर कहे बग़ैर

7. बहरा हूं मैं, तो चाहिये दूना हो इल्तिफात
सुनता नहीं हूं बात, मुकर्रर कहे बग़ैर

8. ग़ालिब न कर हुज़ूर में तू बार बार अर्ज़
ज़ाहिर है तेरा हाल सब उनपर कहे बग़ैर

1. When I built my house without permission, near your door,
You cannot say any longer that you do not know my address

2. Due weakness when I could not state my view point:

Beloved is feigning ignorance for lack of transmission.

3. My dealing is with a beloved,

Whom everyone labelled as cruel.

4. We have nothing to say otherwise,

We shall risk saying, it involves loss of our head.

5. Even if the world calls me infidel

I will never cease worshipping this idol.

6. Even if bestowed with Divine Grace,

I cannot help speaking about wine and wine-bowl.

7. I am deaf, I deserve double attention

I can hear nothing unless it is repeated

8. For your benefactor, O'Ghalib do not make repeated request.

He knows your conditions even without telling him.

(۳۹)

۱۔ بے اعتدالیوں سے سُبک سب میں ہم ہوئے
جتنے زیادہ ہو گئے، اُتنے ہی کم ہوئے

۲۔ پنہاں تھا دام سخت، قریب آشیاں کے
اُڑنے نہ پائے تھے کہ گرفتار ہم ہوئے

۳۔ ہستی ہماری، اپنی فنا پر دلیل ہے
یاں تک مٹے کہ آپ ہم اپنی قسم ہوئے

۴۔ سختی کشانِ عشق کی پُوچھے ہے کیا خبر!
وہ لوگ رفتہ رفتہ سراپا الم ہوئے

۵۔ تری وفا سے کیا ہو تلافی، کہ دہر میں
ترے سوا بھی، ہم پر بہت ستم ہوئے

۶۔ لکھتے رہے، جنوں کی حکایت خون چکاں
ہر چند اس میں ہاتھ ہمارے قلم ہوئے

۷۔ اللہ رے تری تُندیِ خُو جس کے بیم سے
اجزائے نالہ دل میں مرے رزق ہم ہوئے

۸۔ اہلِ ہوس کی فتح ہے، ترکِ نبرد عشق
جو پانوّ اُٹھ گئے وہی اُن کے علم ہوئے

۹۔ چھوڑی اسدؔ! نہ ہم نے گدائی میں دل لگی
سائلِ ہوئے، تو عاشقِ اہلِ کرم ہوئے

1. बे एतिदालियों से, सुबुक सब में हम हुए

जितने ज़ियादा हो गये, उतने ही कम हुए

2. पिन्हां था दाम-ए सख़्त, क़रीब आशियान के

उड़ने न पाये थे, कि गिरफतार हम हुए

3. हस्ती हमारी, अपनी फना पर दलील है

यां तक मिटे, कि आप हम अपनी क़सम हुए

4. सख़्ती कशान-ए-इश्क़ की पूछे है क्या ख़बर

वह लोग रफता-रफता सरापा अलम हुए

5. तेरी वफा से कया हो तलाफी, की दहर में

तेरे सिवा भी हम पर बहुत सितम हुए

6. लिखते रहे, जनू की हिकायात-ए-खँचका

हर चन्द उस मे हाथ हमारे कलम हुए

7. अल्लाह री तेरी तुन्दि-ए-खू जिस के बीम से

अज्ज़ा-ए-नाला दिल में मिरे रिज़्क-ए-हम हुए

8. अहल-ए-हवस की फतह है, तर्क-ए-नबर्द-ए-इश्क़

जो पांव उठ गये, वही उनके अलम हुए

9. छोड़ी, असद न हमने गदाई में दिल्लगी

साइल हुए तो आशिक़-ए-अहल-ए-करम हुए

1. Lacking modernisation in life style have been contemptible among all

The more we increased the more we got humilated

2. As we attempted just to fly we were caught

As the trap was hidden very close to our nest

3. Our existence is arguing our destruction

We were effaced till one could swear that we were nothing

4. What news you want about those who suffered the trials of love

Such people from head to foot have become sufferers personified

5. Your faithless attitude is not sufficient justification

As many other cruelties we have to suffer from.

6. Due madness, even though our hands were chopped off

The blood dripping stories we continue to write.

7. O God, it is on account of the fear of your ill temper,

The constituents in my heart have devoured each other,

8. To give up skirmishes of love is a victory for lust addicted ones,

The feet of clay have no signification as standard bearer.

9. O' Asad, even in beggary we have not given up our humourous temper

In falling love, we become lover of the generous one.

(۴۰)

۱۔ چاہیے اچھوں کو، جتنا چاہیے
یہ اگر چاہیں، تو پھر کیا چاہیے

۲۔ صحبتِ رندان سے واجب ہے حذر
جائے مے، اپنے کو کھینچا چاہیے

۳۔ چاہیے کو ترے کیا سمجھا تھا دل!
بارے اب اس سے بھی سمجھا چاہیے

۵۔ چاک مت کر جیب، بے ایّامِ گل
کچھ اُدھر کا بھی اشارہ چاہیے

۶۔ دوستی کا پردہ، ہے بیگانگی
مُنہ چھپانا ہم سے چھوڑا چاہیے

۷۔ دُشمنی نے میری، کھویا غیر کو
کس قدر دُشمن ہے، دیکھا چاہیے

۸۔ اپنی رُسوائی میں کیا چلتی ہے سعی
یار ہی ہنگامہ آراء چاہیے

۹۔ منحصر مرنے پہ ہو جس کی اُمید
نااُمیدی اس کی دیکھا چاہیے

۱۰۔ چاہتے ہیں خوبرویوں کو اسد
آپ کی صورت تو دیکھا چاہیے

1\. चाहिये अच्छों को जितना चाहिये
यह अगर चाहें, तो फिर क्या चाहिये

2\. सोहबत-ए-रिन्दां से वाजिब है हज़र
जा-ए-में अपने को खेंचा चाहिए

3\. चाहने को तेरे क्या समझा था दिल
बारे अब इस से भी समझा चाहिये

4\. चाक मत कर जैब' बे अययाम-ए-गुल
कुछ उधर का भी इशारा चाहिये

5\. दोस्ती का पर्दा हैं, बेगानगी
मुहं छुपाना हम से छोड़ा चाहिये

6\. दुश्मनी ने मेरी खोया ग़ैर को
किस क़दर दुश्मन है, देखा चाहिये

7\. अपनी रूस्वाई में क्या चलती है स'अि
यार ही हॅगामा आरा चाहिये

8\. मुन्हसिर मरने पे हो, जिसकी उमीद
नाउमीदी उस की, देखा चाहिये

9\. चाहते हैं खूबरूओं को असद
आप की सूरत तो देखा चाहिय

1\. Love these beauties as much as you wish
If they respond what favour other than you can expect?

2. The company of the drunkard's should be avoided

   One should withraw himself from the assembly of drunkards

3. The heart considered it easy to love you

   It requires its explanation as it why it considered it so simple.

4. Not to over do with our own overtures

   We would better watch beloved's own reaction.

5. Aloofness is all ill suited to connection

   Let nonchalance give way to interaction

6. It is hard to gauge your disaffection

   Rival's animosity hardened your curiosity.

7. How at all to escape embarressment

   It is all because of beloved's noisy behaviour

8. It is distressing to see their dissatisfaction

   For those whose hope depends on dying

9. Asad has liking for likable folk

   Ah, how we like his predilection

(۴۱)

۱۔ پھر کچھ اِک دل کو بے قراری ہے
سینہ، جویائے زخمِ کاری ہے

۲۔ پھر جگر کھودنے لگا ناخن
آمدِ فصلِ لالہ کاری ہے

۳۔ دل، ہوائے خرامِ ناز سے پھر
محشرستانِ بے قراری ہے

۴۔ جلوہ، پھر عرضِ ناز کرتا ہے
روزِ بازارِ جاں سپاری ہے

۵۔ پھر اُسی بے وفا پہ مرتے ہیں
پھر وہی زندگی ہماری ہے

۶۔ پھر کُھلا ہے درِ عدالتِ ناز
گرم بازارِ فوجداری ہے

۷۔ ہو رہا ہے جہاں میں اندھیر
زُلف کی پھر سرشتہ داری ہے

۸۔ پھر ہوئے ہیں گواہِ عشق طلب
اشکباری کا حکم جاری ہے

۹۔ بے خودی، بے سبب نہیں، غالب!
کچھ تو ہے، جس کی پردہ داری ہے

1. फिर कुछ इक दिल को बेक़रारी है

सीना जोया-ए-ज़ख़्म-ए-कारी है

2. फिर जिगर खोदने लगा नाखुन

आमद-ए-फस्ल-ए-लाला कारी है

3. दिल हवा-ए-ख़िराम-ए-नाज़ से, फिर

महशरिस्तान-ए-बेक़रारी है

4. जल्बे फिर अर्ज़-ए-नाज़ करता है

रोज़ बाज़ार-ए-जां सुपारी है

5. फिर खुला है दर-ए-अदालत-ए-नाज़

गर्म बाज़ाार-ए-फौजदारी है

6. हो रहा हैं जहान में अंधेर

जुल्फ की फिर सरिश्तादारी है

7. फिर हुए हैं गवाह-ए-इश्क़ तलब

अश्क बारी का हुक्म जारी है

8. बेखुदी बे-सबब नहीं, ग़ालिब

कुछ तो है, जिस की पर्दादारी है

1. And my breast searches for a mortal wound

Again my heart is restless.

2. Again, the nail of grief is digging the liver

Festive spring is in the air

3. The object of my sight's longing supplication
Fervently is in the mood for trailing

4. The heart buys the delights of humiliation
Beloved again is indifferent

5. The heart is craving for the graceful sight
Again, we are in for the same failing

6. Her fancuful court is reassembled
For humiliations to bear with

7. There is darkness all around in the world
Her tresses again are abseiling

8. Again in dock are witnesses for love
The same hundred tear-sheddings of distress as ordered

9. Her faithlessness is not without reason, O' Ghalib
There is something which is being kept a secret.

(۴۲)

۱۔ غنچۂ نا شگفتہ کو دُور سے مت دکھا کہ "یوں"
بوسے کو پُوچھتا ہوں میں، مجھے بتا کہ "یوں"

۲۔ رات کے وقت مے پیئے، ساتھ رقیب کو لئے
آئے وہ یاں خُدا کرے، پر نہ کرے خدا کہ یوں

۳۔ غیر سے رات کیا بنی؟ یہ جو کہا، تو دیکھئے
سامنے آن بیٹھنا' اور یہ دیکھنا کہ یوں

۴۔ بزم میں اس کے رُو برُو' کیوں نہ خموش بیٹھئے
اس کی تو خامشی میں بھی ہے یہی مُدّعا کہ یوں

۵۔ میں نے کہا کہ "بزمِ ناز غیر سے چاہیئے تہی"
سُن کے ستم ظریف نے مجھ کو اُٹھا دیا کہ "یوں"

۶۔ مُجھ سے کہا جو یار نے جاتے ہیں ہوش کس طرح؟"
دیکھ کے میری بیخودی چلنے لگی ہوا کہ "یوں"

۷۔ کب مجھے کُوئے یار میں رہنے کی وضع یاد تھی
آئینہ دار بن گئی حیرت نقشِ پا کہ یوں

۸۔ گر ترے دل میں ہو خیالِ وصل، میں شوق کا زوال
موجِ محیطِ آب میں مارے ہے دست و پا کہ "یوں"

۹۔ جو یہ کہے کہ "ریختہ کیوں کہ ہو رشکِ فارسی؟"
گفتۂ غالبؔ ایک بار پڑھ کر اُسے سُنا کہ "یوں"

1. गुंचा-ए-नाशगुफता को दूर से मत दिखा, कि "यों"
बोसे को पूछता हूं मैं, मुंह से मुझे बता, कि "यों"

2. रात के वक़्त में पिये, साथ रक़ीब को लिये
आये वह यां खुदा करे, पर न करे खुदा कि यों

3. ग़ैर से रात क्या बनी, यह जो कहा, तो देखिये
सामने आन बैठना, और यह देखना कि यों

4. बज़्म में उसके रूबरू, क्यों न ख़ामोश बैठिये
उसकी तो ख़ामशी में भी, है यही मुद्द'आ कि "यों"

5. मैनें कहा की, "वज़्म-ए-नाज़ चाहिये ग़ैर से तिही"
सुन के सितम ज़रीफ ने मुझको उठा दिया, कि "यों"

6. मुज से कहा जो यार ने जाते हैं होश किस तरह
देख के मेरी बेखुदी, चलने लगी हवा कि "यों"

7. कब मुझे कू-ए-यार में रहने की वज्'अ याद थी
आइनादार बन गई, हैरत-ए-नक़्श-ए-पा कि "यों"

8. गर तिरे दिल में हो ख़याल, वस्ल में शौक का ज़वाल
मौज मुहीत-ए-आब में, मारे हैं दस्त-ओ-पा, कि "यों"

9. जो यह कहे, कि "रेख़्ता क्योकि हो रश्क-ए-फारसी"
गुफता-ए-ग़ालिब एक बार पढ़के उसे सुना, कि "यों"

1. I want a kiss from your lips
Do not show me from a distance that unopened rose-bud

2. Accompanied by the rival she left last night elated
   I pray that she will come to my house but not like this
3. "How did the night pass with the other?" when I asked this
   The beloved gave vent, staring at me, like this.
4. Her silence in assembly desires everyone should be like her
   Why should not one behave in her company like that?
5. At her assembly I rashly said, "No unfriendly folk be present"
   With her cruel gesture and wit she showed me the way out
6. When the friend asked me, how does one lose reason
   The blowing a puff of wind was indicative my ecstasy, its like this
7. In the street of beloved I did not remember how to behave
   My wondering foot-prints indicated to behave how it could be?
8. If you think my love with your union will lessen
   You just imagine the trend of winds at sea.
9. To those who feel how Urdu like Persian is diverse
   Just once recite a verse of Ghalib to realise what it is like?

(۴۳)

۱۔ گر خامُشی سے فائدہ اِخفائے حال ہے
خوش ہوں کہ میری بات سمجھنی محال ہے

۲۔ کس کو سناؤں حسرتِ اظہار کا گلہ
دل، فردِ جمع و خرچ زباںہائے لال ہے

۳۔ کس پردے میں ہے آئینہ پرداز، اے خدا!
رحمت! کہ عذر خواہ لبِ بے سوال ہے

۴۔ ہے ہے! خدانخواستہ وہ اور دشمنی!
اے شوقِ منفعل! یہ تجھے کیا خیال ہے

۵۔ وحشت پہ میری عرصۂ آفاق تنگ تھا
دریا زمین کو عرقِ انفعال ہے

۶۔ ہستی کے مت فریب میں آجائیو اسدؔ!
عالم تمام حلقۂ دامِ خیال ہے

1. गर ख़ामुशी से फायदा इख़फा-ए-हाल है
खुश हुं, कि मेरी बात समझनी मुहाल है

2. किसको सुनाउँ हस्रत-ए-इज़हार का गिला
दिल फ़र्द-ए-जमा-ओ-ख़र्च ज़बॉहा-ए-लाल है

3 किस पर्दे में है आइना परदाज़, अय खुदा
रहमत, कि उज्रख़्वाह लब-ए-बेसवाल है

4. है है, ख़ुदा-न-ख़्वास्ता वह और दुश्मनी
ऐय शौक़-ए-मुनफ़'इल! यह तुझे क्या ख़याल है

5. वहशत पे मेरी अर्सा-ए-अफ़ाक तंग था
दरिया ज़मीन को अरक-ए-अनफ'आल है

6. हसती के मत फरेब में आ जाइयो, असद!
आलम तमाम हलक-ए-दामे ख़याल है

1. Glad I am, it is difficult to understand myself
Silence has the benefit of hiding ones condition.

2. Tongue is tied up, head is mixed up for addition and subtraction
I cannot explain my grief complaining to any one

3. I request for your mercy with sealed lips in submission
O God, behind which curtain you are reflecting from.

4. Why irrationally is your curiosity of thought?
God forbid, this is beloved's animosity

5. For my wilderness the land is narrow
River is indicative sweat of earth's nervousness.

6. World at large is nothing but a snare for thinking
O Asad, do not get deceived in by life proposition.

(۴۴)

۱۔ کوئی اُمیدّ بر نہیں آتی
کوئی صُورت نظر نہیں آتی

۲۔ موت کا ایک دن معیُنّ ہے
نیند کیوں رات بھر نہیں آتی؟

۳۔ آگے آتی تھی حال دل پہ ہنسی
اب کسی بات پہ نہیں آتی

۴۔ جانتا ہوں ثوابِ طاعت و زہد
طبیعت ادھر نہیں آتی

۵۔ ہے کچھ ایسی ہی بات جو، چُپ ہوں
ورنہ کیا بات کر نہیں آتی

۶۔ کیوں نہ چیخوں کہ یاد کرتے ہیں
میری آواز گر نہیں آتی

۷۔ ہم وہاں ہیں جہاں سے ہم کو بھی
کچھ ہماری خبر، نہیں آتی

۸۔ مرتے ہیں آرزو میں مرنے کی
موت آتی ہے پر نہیں آتی

1. कोई उम्मीद बर नहीं आती

कोई सूरत नज़र नहीं आती

2. मौत का एक दिन मुअइयन है

नीन्द क्यों रात भर नहीं आती

3. आगे आती थी हाल-ए-दिल पै हंसी

अब किसी बात पर नहीं आती

4. जानता हूं सवाब-ए-ता'अत-ओ-ज़ोहद

पर तबी'अत इधर नहीं आती

5. है कुछ ऐसी ही बात, जो चुप हूं

वर्ना क्या बात कर नहीं आती

6. क्यों न चीखूं कि याद करते हैं

मेरी आवाज़ गर नहीं आती

7. हम वहीं हैं जहां से हम को भी

कुछ हमारी ख़बर नहीं आती

8. मरते हैं आरज़ू में मरने की

मौत आती है, पर नहीं आती

1. No hope is realised

There is nothing to suggest a way out

2. Why cannot I get sleep at night?

When the day of death is fixed.

3. At the state of the heart earlier I used to laugh

Now nothing any longer makes me do that

4. My nature is not now inclined and behaving that way,

I know the worshipping and devotion is always rewarding.

5. My silence has a reason

It is not that I know not how to speak

6. Only if she does not hear me but she remembers me often,

Why should not I cry?

7. We have reached a stage of forgetfulness

From where even of ourselves, no news

8. Longing for death, we die.

This death does come, but still it keeps us waiting.

(۴۵)

۱۔ کوئی دن، گر زندگانی اور ہے
ہم نے جی میں اپنے ٹھانی اور ہے

۲۔ آتشِ دوزخ میں، یہ گرمی، کہاں
سوزِ غم ہائے نہانی اور ہے

۳۔ بارہا دیکھی ہیں، اُن کی رنجشیں
پر کچھ اب کے سر گرانی اور ہے

۴۔ دے کے خط، مُنھ دیکھتا ہے نامہ بر
کچھ تو پیغامِ زبانی اور ہے

۵۔ قاطعِ اعمار ہیں اکثر نجُوم
وہ بلائے آسمانی اور ہے

۶۔ ہو چکیں غالبؔ! بلائیں سب تمام
اِک مرگِ ناگہانی اور ہے

1. कोई दिन, गर ज़िन्दागानी और है
अपने जी में हम ने ठानी और है

2. आतश-ए-दोज़ख़ में, यह गर्मी कहां
सोज-ए-ग़म्हा-ए-निहानी और है

3. बारहा देखी हैं उनकी रंजिशें
पर कुछ अबके सरगिरानी और है

4. दे के ख़त, मुहं देखता है नामा-बर
कुछ तो पेगाम-ए-ज़वानी और है

5. काताये एमार है अकसर नजूम
वह बला-ए-आसमानी और है

5. हो चुकीं ग़ालिब बलाएं सब तमाम
एक मर्ग-ए-नागहानी और है

1. We intend doing something else
If our life span still left.

2. As one raging within our chest
Even the fire of hell is not that great.

3. We have seen her tempers going up and down
But this time it is something especially high.

4. The messenger after handing the letter to me stares
Perhaps there is a word from beloved to recite.

5. The sky-fallen calamity is something else besides
Though many a stars bedevils our lives.

6. Sudden death remains besides me
Although Ghalib, is through of the disasters, but one.

(۴٦)

۱۔ مدّت ہوئی ہے یار کو مہماں کئے ہوئے
جوشِ قدح سے بزمِ، چراغاں کئے ہوئے

۲۔ کرتا ہوں جمع پھر، جگرِ لخت کو
عرصہ ہوا ہے دعوتِ مژگاں کئے ہوئے

۳۔ پھر وضعِ احتیاط سے رُکنے لگا ہے دم
برسوں ہوئے ہیں چاک گریباں کئے ہوئے

۵۔ پھر گرمِ نالہ ہائے شرر بار ہے نفس
مدت ہوئی ہے سیرِ چراغاں کئے ہوئے

٦۔ دل پھر طوافِ کُوئے ملامت کو جائے ہے
پندار کا صنم کدہ ویراں کئے ہوئے

۷۔ پھر چاہتا ہوں، نامۂ دلدار کھولنا
جاں نذرِ دل فریبیٔ عنواں کیئے ہوئے

۸۔ پھر جی میں ہے کہ در پہ کسی کے پڑے رہیں
سر زیرِ بارِ منتِ دربان کئے ہوئے

۹۔ جی ڈھونڈتا ہے پھر، وہی فرصت کے، رات دن
بیٹھے رہیں تصورِّ یاراں کئے ہوئے

۱۰ غالبؔ! ہمیں نہ چھیڑ کہ پھر جوشِ اشک سے
بیٹھے ہیں ہم تہیّۂ طُوفان کیئے ہوئے

1. मुद्दत हुई है यार को मेहमाँ किये हुए
जोश-ए-क़दह से, बज़्मे चरागां किये हुए

2. करता हूं जम'अ फिर, जिगर-ए लख़्त को
अरसा हुआ है दावत-ए-मिशगां किये हुए

3. फिर वज़ा-ए-एहतियात से रूकने लगा है दम
बरसों हुए हैं चाक गरीबाँ किये हुए

4. फिर गर्म-ए-नाला हा-ए-शरर बार है नफस
मूद्धत हुई है सैर-ए-चरागां किये हुए

5. दिल फिर तवाफ-ए-कूए-मलामत को जाये है
पिन्दार क़ा सनमकदा वीरां किये हुए

6. फिर चाहता हूं नामा-ए-दिलदार खोलना
जां नज़्र-ए-दिल फरेबि-ए-उनवां किये हुए

7. फिर जी में है कि दर पे किसी के पड़े रहें
सर ज़ेर-ए-बार-ए-मिन्नत-ए-दर्बां किये हुए

8. जी ढूंढता है फिर, वही फुर्सत के रात दिन
बैठे रहें तसव्वुर-ए-जानां किये हुए

9 ग़ालिब, हमें न छेड़ कि फिर जोश-ए-अश्क से
बैठे हैं हम तहयया-ए-तुफां किये हुए

1. It is long passed, my beloved was my guest
So let her light up dark about with the twinkling cups.

2. I collect the pieces of my liver
A time has passed since subjected to a test by her eye-lashes.
3. I am feelingsuffocated on account of over-caution
As etiquette demanded me to do my best
4. Again the breath is not in self heaving fire like.
Its long since we could see the spectacle of the illumination.
5. The condition of the heart's wound the beloved has cursed about
Swallowing pride, heart again enters her maligning street
6. So that I may present her my soul;
To her cleverly writtem address, I intend to open the letter again.
7. Once more there is longing to see her
Putting my head under the obligation of the door-keeper.
8. We again wish to relish the idle days of favour
I used to sit contemplating the beloved's designs.
9. Our tears will gush out causing a spate
O' Ghalib, do not disturb our agitated mind.

(۴۷)

۱۔ سر گشتگی میں، عالمِ ہستی سے یاس ہے
تسکین کو دے نوید کہ مرنے کی آس ہے

۲۔ لیتا نہیں میرے دلِ آوارہ کی خبر
اب تک، وہ جانتا ہے، کہ میرے ہی پاس ہے

۳۔ کیجئے بیاں سُرورِ تبِ غم کہاں تلک
ہر مُو مرے بدن پہ، زبانِ سپاس ہے

۴۔ ہے وہ غرورِ حسن سے بیگانۂ وفا
ہر چند اُس کے پاس دلِ حق شناس ہے

۵۔ پی جس قدر ملے شبِ مہتاب میں شراب
اس بلغمی مزاج کو گرمی ہی راس ہے

۶۔ ہر اک مکان کو ہے مکیں سے شرف، اسدؔ!
مجنوں جو مر گیا ہے، تو جنگل اداس ہے

1. सर गश्तगी में आलम-ए-हस्ती से यास है
तस्कीं को दे नवेद, कि मरने की आस है

2. लेता नहीं मिरे दिल-ए-आवारा की ख़बर
अब तक वह जानता है, कि मेरे ही पास है

3. कीजे बयां सुरूर-ए-तब-ए-ग़म कहां तलक
हर मू मिरे बदन प ज़बान-ए-सिपास है

4. है वह गुरूर-ए-हुस्न से बेगाना-ए-वफा
हरचन्द उसके पास दिल-ए-हक़ शनास है

5. पी जिस क़द्र मिले शब-ए-महताब में शराब
इस बलग़मी मिज़ाज को गर्मी ही रास है

6. हर इक मकान को है मर्की से शरफ़, असद
मजनूं जो मर गया है, तो जंगल उदास हैं

1. I hope for end of session glad with tidings for peace
As a result of grief, I have lost sustaining any-more

2. As she possesses my way-ward heart
Believing it she does not bother much about it.

3. Every hair on my body is eager to express
Impossible though to express my pleasure striken state of mind

4. She is too proud of her beauty to be faithful
However she is possessed with beautiful heart

5. I drink as much as I can in a moon-lit night
For my nervous plight a warm hearted response is required.

6. As Majnun has left the desert in grief
O' Asad, each habitat is known if the inhabitants are respectful

(۴۸)

۱۔ نہ ہوئی گر مرے مرنے سے تسلی نہ سہی
امتحاں اور بھی باقی ہو تو، یہ بھی نہ سہی

۲۔ خارِ خارِ الم حسرتِ دیدار تو ہے
شوق گُل چینِ گلستانِ تسلی نہ سہی

۳۔ نفسِ قیس کہ ہے چشم و چراغِ صحرا
گر نہیں شمعِ سیہ خانۂ لیلیٰ، نہ سہی

۴۔ مے پرستاں، خُمِ مے منھ سے لگائے ہی بنے
ایک دن گر نہ ہوا بزم میں ساقی، نہ سہی

۵۔ ایک ہنگامے پہ موقوف ہے گھر کی رونق
نوحۂ غم ہی سہی، نغمۂ شادی نہ سہی

۶۔ نہ ستائش کی تمنا، نہ صلے کی پروا
گر نہیں ہیں مرے اشعار میں معنی، نہ سہی

۷۔ عشرتِ صحبتِ خوباں ہی غنیمت سمجھو
نہ ہوئی غالبؔ! اگر عمرِ طبیعی، نہ سہی

1 न हुई गर मिरे मरने से तसल्ली, न सही

इम्तिहां और भी बाक़ी हो, तो यह भी न सही

2. खार खार-ए-अलम-ए-हस्रत-ए-दीदार तो है

शौक-ए-गुलचीन-ए-गुलिस्तान-ए-तसल्ली न सही

3. नफस-ए-क़ैस कि है चश्म-ओ-चराग़-ए-सहरा

गर नहीं शम'-ए-सियहख़ाना-ए-लैला, न सही

4. मै-परस्तां खुम-ए-मै मुहं से लगाये ही बने

एक दिन गर न हुआ बज़्म में साक़ी, न सही

5. एक हंगामे प मौक़ूफ़, है घर की रौनक़

नौहा-ए-ग़म ही सही, नग्मा-ए-शादी न सही

6. न सताइश की तमन्ना, न सिले की परवा

गर नहीं हैं मिरे अश'आर में मा'नी न सही

7. इश्रत-ए-सोह्बत-ए-ख़ूँबा ही ग़नीमत समझो

न हुई, ग़ालिब, अगर उम्र-ए-तबी'अी न सही

1. If needs to be, let there be further test

If my death has not satisfied my beloved.

2. Even if there is no chance of her being by my side,

My soul is yearning, for her sight.

3. The spirit of Majnun lights the desert even when dark

Although Laila's abode not able to provide one.

4. If one day the Saqi is absent from the assembly, it hardly

matters.

The drinker must help himself fastening lips to the barrel of wine.

5. The gaiety of the house is in its noisy and lovely environ
   If there is no melody of joy, let there be moan of grief.
6. To receive reward or praise, I have no desire.
   It does not matter if my verses are meaningless.
7. It is good fortune to be in delightful company of the beauties,
   O'Ghalib, if long life you are deprived off, it does not matter.

(۴۹)

۱۔ یہ ہم جو ہجر میں، دیوار و در، کو دیکھتے ہیں
کبھی صبا کو، کبھی نامہ بر کو دیکھتے ہیں

۲۔ وہ آئیں گھر میں ہمارے، خدا کی قدرت ہے!
کبھی ہم اُن کو، کبھی اپنے گھر کو دیکھتے ہیں

۳۔ نظر لگے نہ کہیں، اُس کے دستِ و بازو کو
یہ لوگ کیوں میرے زخمِ جگر کو دیکھتے ہیں!

۴۔ ترے جواہرِ طرفِ کُلہ کو کیا دیکھیں!
ہم اوجِ طالعِ لعل و گہر کو دیکھتے ہیں

1. यह हम जो हिज्र में, दीवार-ओ-दर को देखते है
कभी सबा को, कभी नामा-बर को देखते है

2. वह आयें घर में हमारे, खुदा की कुदरत है
कभी हम उनको, कभी अपने घर को देखते हैं

3. नज़र लगे न कहीं, उसके दस्त-ओ-बाजू को
यह लोग क्यों मिरे ज़ख़्म-ए-जिगर को देखते हैं

4. तिरे जवाहिर-ए-तर्फ-ए कुलह को क्या देखें
हम औजे ताल-ए-लाल-ओ-गुहर को देखते हैं

1. Separated from beloved, we gaze at wall and door
Sometimes through messenger at other through peeping holes.

2. Its God's grace if the beloved comes to our house
At times we look to our home, at times at her beauty and grace

3. May Almighty! My beloved is protected from evil eyes.
Why they ever see my wounds of liver?

4. In beloved's crown we praise the jewels adorning it
We are envious of jewels for their repute and luck to be in crown

(۵۰)

۱۔ جہاں تیرا نقشِ قدم دیکھتے ہیں
خیاباں خیاباں اِرم دیکھتے ہیں

۲۔ دلِ آشفتگاں، خالِ کُنجِ دہن کے
سویدا میں سَیرِ عدم دیکھتے ہیں

۳۔ ترے سروقامت سے اک قدِّ آدم
قیامت کے فتنے کو کم دیکھتے ہیں

۴۔ تماشا کہ اے محوِ آئینہ داری!
تجھے کِس تمنا سے ہم دیکھتے ہیں

۵۔ سراغِ تفِ نالہ، داغِ دل سے
کہ شب رَو کا نقشِ قدم دیکھتے ہیں

۶۔ بنا کر فقیروں کا ہم بھیس، غالبؔ!
تماشائے اہلِ کرم دیکھتے ہیں

1. जहां तेरा नक़्श-ए-कदम देखते हैं
ख़ियाबां ख़ियाबां इरम देखते हैं

2. दिल आशुफतगां ख़ाल-ए-कुंज-ए-दहन के
सुवैदा में सैर-ए-अदम देखते हैं

3. तिरे सर्व क़ामत से, इक क़द्द-ए-आदम
क्यामत के फितने को, कम देखते हैं

4. तमाशा के ऐ महव-ए-आईनादारी
तुझे किस तमन्ना से हम देखते हैं

5. सुराग़-ए-तुफ-ए-नाला ओ, दाग़-ए-दिल से
कि शब-ए-रौ का नक्श-ए-क़दम देखते हैं

6. बना कर फ़कीरों का हम भेस ग़ालिब
तमाशा-ए-अहल-ए-करम देखते हैं

1. We see the flower-buds of unusual beaut of paradise,
Wherever we see your foot-prints.

2. Enamoured of the mole in the dimple on your face,
We see the vision, utter depth in its core.

3. Your cypress like stature is more towering
And commotionful of the Day of Doom.

4. Your being busy in looking your beautiful face in the mirror
With intense eye and longingly we are gazing at you.

5. Trace the vapour of sighs with the scar of my heart;
Trace it as the foot-prints in dark we leave.

6. O' Ghalib, in the guise of a beggar .
We can witness the performance of generous people.

(۵۱)

۱۔ پھر اس انداز سے بہار آئی
کہ ہوئے مہر و مہ تماشائی

۲۔ دیکھو، اے ساکنانِ خطۂ خاک!
اس کو کہتے ہیں عالم آرائی

۳۔ کہ زمیں ہو گئی ہے سر تا سر
رُوکشِ سطحِ چرخِ مینائی

۴۔ سبزے کو جب کہیں جگہ نہ ملی
بن گیا روئے آب پر کائی

۵۔ سبزہ و گل کو دیکھنے کے لئے
چشمِ نرگس کو دی ہے بینائی

۶۔ ہے ہوا میں شراب کی تاثیر
بادہ نوشی، ہے بادِ پیمائی

۷۔ کیوں نہ دنیا کو ہو خُوشی، غالب!
شاہِ دیندار نے شفا پائی

1. फिर इस अन्दाज़ से बहार आई

कि हुए मेहर-ओ-मह तमाशाई

2. देखो, अय साकिनान-ए-ख़िता-ए-ख़ाक

इस को कहते हैं आलम आराई

3. कि ज़मीं हो गई है, सर ता सर

रूकश-ए-सतह्-ए-चर्ख़-ए-मीनाई

4. सब्ज़े को जब कहीं जगह न मिली

बन गया रू-ए-आब परकाई

5. सब्ज़ा-ओ-गुल के देखने के लिए

चश्म-ए-नर्गिस को दी है बीनाई

6. है हवा में शराब की तासीर

बादा नोशी है बाद-ए-पैमाई

7. क्यों न दुनिया को हो खुशी, ग़ालिब

शाह-ए-दीनदार ने शिफा पाई

1. Sun and moon are watching as the spectators

The spring which again here, with a style

2. O' in habitants of earth

Look this is splendour with a high latitude.

3. In beauty being in abundance miles and miles

The land has become like heaven.

4. Nature has granted narcissus sight

To savour efflorescence all the while.

5. It is intoxicating like wine

As breeze simply blowing with wine like touch

6. Breeze is simply breath taking

Is intoxicationg like wine virile

7. The King has recovered from ailments

O'Ghalib, why should not people of the world feel happy?

(۵۲)

۱۔ جور سے باز آئے، پر باز آئیں کیا!
کہتے ہیں ہم "تجھ کو منہ دکھلائیں کیا؟"

۲۔ رات دن گردش میں ہیں، سات آسماں
ہو رہے گا کچھ نہ کچھ، گھبرائیں کیا؟

۳۔ لاگ ہو تو اُس کو ہم سمجھیں لگاؤ
جب نہ ہو تو کچھ بھی، دھوکہ کھائیں کیا؟

۴۔ ہو لئے کیوں نامہ بر کے ساتھ ساتھ؟
یارب اپنے خط کو ہم پہنچائیں کیا!

۵۔ موجِ خون سر سے گزر ہی کیوں نہ جائے
آستانِ یار سے اُٹھ جائیں کیا!

۶۔ عمر بھر دیکھا کئے مرنے کی راہ
مر گئے پر دیکھئے دکھلائیں کیا!

۷۔ پوچھتے ہیں وہ، "کہ غالبؔ کون ہے؟"
کوئی بتلاؤ، کہ ہم بتلائیں کیا!

1. जौर से बाज़ आये पर बाज़ आयें क्या

कहते हैं, हम "तुझको मुंह दिखालायें क्या?"

2. रात दिन, गर्दिश में हैं सात आस्मां

हो रहेगा कुछ न कुछ घबरायें क्या?

3. लाग हो, तो उसको हम समझें लगाव

जब न हो कुछ भी, तो धोखा खायें क्या?

4. हो लिये क्यों नामाबर के साथ साथ?

या रब, अपने ख़त को हम पहुचायें, क्या?

5. मौज-ए-ख़ूं, सर से गुज़र ही क्यो न जाय

आस्तान-ए-यार से उठ जायें क्या

6. उम्र भर देखा किये, मरने की राह

मर गये पर देखिये, दिखलायें क्या

7. पूछते हैं वह, "कि ग़ालिब कौन है?"

कोई बतलाओ, कि हम बतलायें कया

1. She has pretended to repent and abstain from tyranny

   Does she sincerely mean what she says, how can she

   show her face to me?

2. Why be anxious, something will happen?

   The seven skies are in revolution day and night.

3. Why should we be cheated of Kinship?

   No connection when she is neither my friend nor foe.

4. Why we accompany the messenger?

O' God, should we deliver her the letter personally.

5. Even if the wave of blood passes over our head

For what, should we leave the threshold of the beloved?

6. We waited for death for whole life

Now what else shall we look for when it has come?

7. Her query is , "Who is Ghalib?"

what reply would I give, tell me some one.

(۵۳)

۱۔ وہ فراق اور وصال کہاں
وہ شب و روز اور وہ ماہ و سال کہاں

۲۔ فرصتِ کاروبارِ شوق کسے
ذوقِ نظّارۂ جمال کہاں

۳۔ دل تو دل، وہ دماغ بھی نہ رہا
شورِ سودائے خطّ و خال کہاں

۵۔ تھی وہ اک شخص کے تصوّر سے
اب وہ رعنائی خیال کہاں

۶۔ ایسا آساں نہیں، لہو رونا
دل میں طاقت جگر میں حال کہاں

۷۔ ہم سے چھوٹا قمار خانہ عشق
واں جو جاویں، گرہ میں مال کہاں

۸۔ فکرِ دنیا میں سر کھپّاتا ہوں
میں کہاں اور یہ وبال کہاں

۹۔ مضمحل ہو گئے قویٰ، غالبؔ!
وہ عناصر میں اعتدال کہاں

1. वह फिराक़ और विसाल कहां
वह शब-ओ-रोज़-ओ-माह-ओ-साल कहां

2. फुर्सत-ए-कार-ओ-बार-ए-शौक किसे
ज़ौक-ए-नज़्ज़ारा-ए जमाल क़हां

3. दिल तो दिल, वह दिमाग़ भी न रहा,
शोर-ए-सौदा-ए-ख़त-ओ-ख़ाल कहां

4. थी वह इक शख़्स के तसव्वुर से
अब वह र'अनाइ-ए-ख़याल कहां

5. ऐसा आसां नहीं, लहू रोना
दिल में ताकत, जिगर में हाल कहां

6. हम से छूटा किमार ख़ाना-ए-इश्क
वां जो जावें, गिरह में माल कहां

7. फिक्र-ए-दुनिया में सर खपाता हूं
मैं कहां और यह वबाल कहां

8. मुजमहिल हो गये कुवा, ग़ालिब
वह अनासिर में एंतिदाल कहां

1. Gone are the joyous times of long duration
Where from to bring those seperation and union in alternate?

2. Who has now the leisure for transacting love?
Where is the desire left to see the form of beauty?

3. There is no longing left for the friends soft hair and mole
When not only the heart, even the brain is missing.

4. Once it was inspired by imagining of a person,
Now the charm of the graceful thought is gone.

5. The strenght of liver and of the sturdy heart
has disappeared, its no longer easy to shed tears of blood.

6. By compulsion we left the gambling den of love,
As we were in state of paupry being moneyless.

7. I am no match for this worldly curse.
I waste my head over the anxieties befallen.

8. The former bodily elements have lost balance,
O'Ghalib the limbs have been enfeebled to that extent.

(۵۴)

۱۔ میں، اور بزم مے سے تشنہ کام آؤں!
گر میں نے کی تھی توبہ ساقی کو کیا ہوا تھا؟

۲۔ ہے ایک تیر جس میں دونوں چھدے پڑے ہیں
وہ دن گئے کہ اپنا، دل سے جگر جُدا تھا

۳۔ درمندگی میں غالب! کچھ بن پڑے تو جانوں
جب رشتہ بے ‌گرہ تھا، ناخُن گرہ کُشا تھا

1. मैं और बज़्म-ए-मे से, तश्नाकाम आउँ
गर मैं ने की थी तौबा, साकी को क्या हुआ था

2. है एक तीर, जिस में दोनों छिदे पड़े हैं
वह दिन गये कि अपना दिल से जिगर जुदा था

3. दरमान्दगी में ग़ालिब, कुछ बन पड़े, तो जानूं
जब रिश्ता बेगिरह था, नाखुन गिराह कुशा था

1. How strange and sad that I should leave thirsty when others drank their fill
If I had vowed not to touch wine what happened to Saqi to fulfill her pleasent duty?

2. The days are gone when liver and heart were separately placed
Together now both are pierced by the same arrow.

3. O'Ghalib, now disappointed I cannot help.
The fingers were not clenched when relations were loose

(۵۵)

۱۔ کیا تنگ ہم سِتم زدگاں کا جہاں ہے
جس میں کہ ایک بیضہ مُور، آسمان ہے

۲۔ ہے کائنات کو حَرکت تیرے ذوق سے
پرتو سے آفتابِ کے، زرے میں جاں ہے

۳۔ کی اُس نے گرم سینۂ اہلِ ہوس میں جا
آوے نہ کیوں پسند کہ ٹھنڈا مکان ہے

۴۔ کیا خوبؔ، تم نے غیر کو بوسہ نہیں دیا؟
بس چُپ رہو، ہمارے بھی مُنہ میں زبان ہے

۵۔ بیٹھا ہے جو کہ سایۂ دیوارِ یار میں
فرما روائے کِشورِ ہندوستان ہے

۶۔ ہستی کا اعتبار بھی غم نے مِٹا دیا
کس سے کہوں کہ داغ، جگر کا نشان ہے

۷۔ ہے بارے اعتمادِ وفاداری اس قدر
غالبؔ! ہم اس میں خوش ہیں کہ نامہربان ہے

1. क्या तंग हम सितमजदगां का जहान हैं
जिसमें कि एक बैज़ा-ए-मोर आसमान हैं

2. है कायनात को हरकत तेरे ज़ोक से
परतौ से आफताब के जर्रे में जान हैं

3. की उसने गर्म सीन-ए-अहल-ए-हवस में जा
आवे न क्यों पसन्द, कि ठण्डा मकान हैं

4. क्या खूब, तुमने ग़ैर को बोसा नहीं दिया?
बस चुप रहो, हमारे भी मुहँ में ज़बान हैं

5 बैठा है जो की साया-ए-दीवार-ए-यार में
फरमारवा-ए-किशवर-ए-हिन्दोस्तान है

6 हस्ती का ऐतबार भी ग़म ने मिटा दिया
किस से कहूं कि दाग जिगर का निशान है

5. हस्ती का एंतिमाद-ए-वफादारी इस क़दर
ग़ालिब हम इसमें खुश हैं, कि नामेह्रबान है

1. How cramped is the world of us, the cruelty striken
In comparison, an anthill is far wider.
2. By yearning for your grace, the universe is in motion
In the light of the sun every particle enlivened
3. To the lust ful heart she had provided warmth
Why should not she like to enjoy such a frigid place?

4. To the other fellow you gave a kiss

We kept silent, although we too have a tongue in our mouth.

5. One who sits in the shade of his beloved's wall

He can like me boast, as the king of Hindustan.

6. My belief in existence was blotted out by grief

Whom to tell that scar in the breast is liver's impression?

7. Even if she is unkind she shows confidence in our loyalty towards her.

O'Ghalib, at least on this account we can drive pleasure.

(۵٦)

۱۔ غیر لیں محفل میں، بوسے جام کے
ہم رہیں یوں تشنہ لب پیغام کے

۲۔ خستگی کا تُم سے کیا شکوہ، کہ یہ
ہتھکنڈے ہیں چرخِ نیلی فام کے

۳۔ خط لکھیں گے گرچہ مطلب کچھ نہ ہو
ہم تو عاشق ہیں تمہارے نام کے

۴۔ رات پی زمزم پہ مے، اور صُبح دَم
دھوئے دھبے جامۂ اِحرام کے

۵۔ دل کو آنکھوں نے پھنسایا کیا مگر
یہ بھی حلقے ہیں تمہارے دام کے؟

٦۔ عشق نے غالبؔ! نِکما کر دیا
ورنہ ہم بھی آدمی تھے کام کے

1. ग़ैर लें महफ़िल में, बोसे जाम के

हम रहें यों तश्ना-लब पैग़ाम के

2. ख़स्तगी का तुमसे क्या शिकवा कि यह

हथ्कण्डे हैं चर्ख़-ए-नीली फाम के

3. ख़त लिखेंगे, गरचे मतलब कुछ न हो

हम तो आशिक हैं, तुम्हारे नाम के

4. रात पी ज़मज़म पे मै और सुबह दम

धोये धब्बे जामा-ए-एह्राम के

5. दिल को आंखों ने फँसाया, क्या मगर

यह भी हल्के हैं तुम्हारे दाम के

6. इश्क ने, ग़ालिब निकम्मा कर दिया

वर्ना हम भी आदमी थे काम के

1. My rival while getting cup of wine from you kissed it
   We remained even deprived of word of favour from your mouth.
2. I complain not at all being ruined by you
   I attribute this all to the blue sky.
3. Even if umeaningful, we will write letters
   As we are lovers of yours and your name.

4. At night we drank at fountain Zam-Zam

   And morning we washed our spots of wine and cleared off any recognition.

5. The heart has fallen into the trap of the eyes,

   As these alse take cue from your game-plan

6. We on our own deserved much more than what we achieved

   The love lorn heart has rendered Ghalib useles.

(۵۷)

۱۔ کبھی نیکی بھی اس کے جی میں، گر آ جائے ہے، مُجھ سے
جفائیں کر کے اپنی یاد، شرما جائے ہے، مُجھ سے

۲۔ خدایا! جذبۂ دل کی مگر تاثیر اُلٹی ہے!
کہ جتنا کھینچتا ہوں اور کھنچا جائے ہے، مُجھ سے

۳۔ وہ بد خَو، اور میری داستانِ عشق طولانی
عبارت مختصر، قاصد بھی گھبرا جائے ہے، مُجھ سے

۴۔ ادھر وہ بد گمانی ہے ادھر یہ ناتوانی ہے!
نہ پوچھا جائے ہے اُس سے نہ بولا جائے ہے مُجھ سے

۵۔ سنبھلنے دے مجھے اے نا اُمیدی! کیا قیامت ہے!
کہ دامانِ خیالِ یار، چُھوٹا جائے ہے، مُجھ سے

۶۔ تکلف بر طرف، نظارگی میں بھی سہی لیکن
وہ دیکھا جائے، کب یہ ظُلم دیکھا جائے ہے، مُجھ سے

۷۔ ہوئے ہیں پانْو ہی پہلے، نبردِ عشق میں زخمی
نہ بھاگا جائے ہے مُجھ سے، نہ ٹھہرا جائے ہے، مُجھ سے

۸۔ قیامت ہے کہ ہووے مدّعی کا ہمسفر غالبؔ!
وہ کافر جو خُدا کو بھی نہ سونپا جائے ہے مُجھ سے!

1. कभी नेकी भी उसके जी में गर आ जाये हैं मुझसे

जफ़ाऍं कर के अपनी याद, शर्मा जाये हैं मुझसे

2. खुदाया, ज़ज्बा-ए-दिल की मगर तासीर उल्टी हैं

कि जितना खेंचता हूं और खिंचा जाये हैं मुझसे

3. वह बदखू, और मेरी दास्तान-ए-इश्क तूलानी

इबारत मुख़्तसर, कासिद भी घबरा जाये है मुझसे

4. उधर वह बदगुमानी है, इधर यह नातवानी हैं

न पुछा जाये है उससे, न बोला जाये है मुझसे

5. सभंलने दे मुझे, ए नाउमीदी, क्या क़यामत है

कि दामान-ए-ख़याल-ए-यार, छूटा जाये हैं मुझसे

6. तकल्लुफ़ बरतफ नज्जारगी में भी सही, लेकिन

वह देखा जाये, कब यह जुल्म देखा जाये है मुझसे

7. हुए हैं पांव ही पहले, नबर्द-ए-इशक में ज़ख़्मी

न भागा जाये है मुझसे, न ठहरा जाये है मुझसे

8. क़यामत हैं कि होवे मुद्द'ई का हमसफर, ग़ालिब

वह काफिर जो खुदा को भी न सौंपा जाये है मुझस

1. At times she behaves kindly towards me

When she remember her past oppression, she shies

away.

2. Knowing my passionate longing she acts repulsively,

The more I wish to draw her nearer, the more she tries to withdraw.

3. My tale of love is lengthy, and she is ill-natued
Even the messenger gets impatient with my long description

4. Neither can she ask nor can I explain to her
Here is such feebleness and there is her suspicion of my falsehood.

5. O' despair, let me hold on that
The catastrphe that skirt of her thought is escaping my grasp

6. I too am one of the spectators of her beauty;
But I cannot tolertate her being gazed by others.

7. Neither can I run away nor can I stay
As my feet have been already wounded in the battle of love.

8. It is a disaster that Ghalib is her fellow-traveller
She is that Kafir whom I cannot even leave in the care of God.

(۵۸)

۱۔ جُز قیس اور کوئی نہ آیا بروئے کار
صحرا مگر بہ تنگیٔ چشمِ حسود تھا

۲۔ آشفتگی نے نقشِ سویدا کیا دُرست
ظاہر ہوا کہ داغ کا سرمایہ دُود تھا

۳۔ تھا خواب میں خیال کو تجھ سے معاملہ
جب آنکھ کُھل گئی، نہ زیاں تھا، نہ سُود تھا

۴۔ لیتا ہوں مکتبِ غمِ دل میں سبق، ہنوز
لیکن یہی کہ ''رفت'' گیا، اور ''بود'' تھا

۵۔ ڈھانپا کفن نے داغِ عیوبِ برہنگی
میں، ورنہ ہر لباس میں ننگِ وجود تھا

۶۔ تیشے بغیر، مر نہ سکا کوہکن، اسدؔ!
سرگشتۂ خمارِ رُسوم و قیود تھا

1. जुज़ क़ैस और कोई न आया, ब-रू-ए-कार
सह्रा मगर ब-तँगि-ए-चश्म-ए-हुसूद था
2. आशुफतगी ने नकश-ए-सुवैदा किया दुरूस्त
ज़ाहिर हुआ कि दाग़का सरमाया दूद थ
3. था ख़्वाब में, ख़याल को तुझसे मु'आमला
जब आंख खुल गई, न ज़ियां था न सूद था
4. लेता हूं मकतब-ए-ग़म-ए-दिल में सबक़ हनोज़
लेकिन यही कि रफत गया, और बूद था
5. ढांपा कफ़न ने दाग़-ए-उयूब-ए-बरहनगी
मैं वर्ना हर लिबास में नंग-ए-वुजूद था
6. तेशे बिग़ैर मर न सका कोहकन, असद
सर्गश्ता-ए-खुमार-'ए-रूसूम-ओ-कुयूद था

1. None could excel Majnun as a wanderer in love
Even desert was not spacious enough for him to roam about.
2. Restlessness is curling smoke, mind only can quell
The restlessness of the heart was affected by, to that extent
3. In my dream I had thought lot to do with you
I could hardly explain that behaviour of give and take when I got awakened.
4. The basic facts of her fanciful and sequel flight
In the school of disenchanted love I have still much to learn.
5. Though in every dress I was slur on my person as sinner
The shroud alone has covered the bare spots of sins.
6. O Asad, without the help of axe, Farhad could not die
He was under the spell of norms.

(۵۹)

۱۔ دل مرا سوزِ نہاں سے بے مُحابا جل گیا
آتشِ خاموش کے مانند گویا جل گیا

۲۔ دل میں ذوقِ وصل و یادِ یار تک باقی نہیں
آگ اس گھر میں لگی ایسی کہ جو تھا، جل گیا

۳۔ میں عدم سے بھی پرے ہوں، ورنہ غافل! بارہا
میری آہِ آتشیں سے بالِ عنقا جل گیا

۴۔ عرض کیجیے، جوہرِ اندیشہ کی گرمی کہاں
کچھ خیال آیا تھا وحشت کا کہ صحرا جل گیا

۵۔ دل نہیں، تجھ کو دکھاتا ورنہ داغوں کی بہار
اس چراغاں کا کروں کیا، کار فرما جل گیا

۶۔ میں ہوں اور افسردگی کی آرزو غالب! کہ دل
دیکھ کر طرزِ تپاکِ اہلِ دُنیا جل گیا

1. दिल मिरा सोज़-ए-निहां से, बेमहाबा जल गया
आतश-ए-ख़ामोश की मानिन्द गोया जल गया

2. दिल में, ज़ौक-ए-वस्ल-ओ-याद-ए-यार तक, बाक़ी नहीं
आग इस घर में लगी ऐसी कि जो था जल गया

3. मैं अदम से भी परे हूं वर्ना ग़ाफिल, बारहा
मेरी आह-ए-आतशीं से, बाल-ए-अंका जल गया

4. अर्ज़ कीजे, जौहर-ए-अन्देशा की गर्मी कहां
कुछ ख़याल आया था वहशत का, कि सहरा जल गया

5. दिल नहीं, तुझको दिखाता वर्ना दागों की बहार
इस चरागाँ का करूं क्या, कारफ़रमा जल गया

6. मैं हूं और अफ़सुर्दगी की आरज़ू ग़ालिब, कि दिल
देख कर तर्ज़-ए-तपाक-ए-अहल-ए-दुनिया जल गया

1. Like the dying fire my heart was burnt
As it was destroyed by the silent agony
2. All was consumed in the fire when the house of my heart burnt down
Neither longing for the union nor memory of the friends remain
3. My grief striken sighs had burnt the feathers of the phoenix
As time & again, I am beyond nothingness O' careless one

4. The essence of my thought burns with such intense heat
When I thought of wilderness the desert was all burnt.

5. What use is this illumination when the master of the show is burnt?
I do not show my heart because spring flowers are like scars inflicted on it

6. By the sight of the deceitful world only
My heart has been burnt, O'Ghalib, I am left only with grief striken desire.

(۶۰)

۱۔ نہ تھا کچھ تو خدا تھا، کچھ نہ ہوتا تو خدا ہوتا
ڈبویا مجھ کو ہونے نے، نہ ہوتا میں تو کیا ہوتا!

۲۔ ہوا جب غم سے بے حِس، تو غم کیا سر کے کٹنے کا؟
نہ ہوتا گر جُدا تن سے، تو زانو پہ دھرا ہوتا

۳۔ ہوئی مدت کہ غالبؔ مر گیا پر یاد آتا ہے
وہ ہر اک بات پہ کہنا کہ یوں ہوتا تو کیا ہوتا؟

1. न था कुछ तो खुदा था, कुछ न होता तो खुदा होता
डुबोया मुझको होने ने, न होता मैं तो क्या होता
2. हुआ जब ग़म से यों बेहिस, तो ग़म क्या सरके कटने का
न होता गर जुदा तन से, तो ज़ानूं पर धरा होता
3. हुई मुद्दत कि ग़ालिब मर गया, पर याद आता है
वह हर इक बात पर कहना, कि यों होता तों क्या होता?

1. When there was nothing God was there, if there was none, even then he would have been there
My entity has drowned me if I were not, I wonder, what would have been?
2. When insensitive and numb due grief one has become, then if the head is severad, no lament there would be If not asunder then on the knee, resting it would have been to lament.
3. Though Ghalib died long time back
But he is remembered for saying, "If it were like this, what would it be?"

(۶۱)

۱۔ یاد ہے شادی میں بھی، ہنگامۂ یارب، مُجھے
سُبحۂ زاہد ہوا ہے، خندہ زیرِ لب مُجھے

۲۔ ہے کشادِہ خاطرِ وابستہ دَر، رہنِ سخن
تھا طلسمِ قفلِ ابجد، خانۂ مکتب مُجھے

۳۔ یارب! اس آشفتگی کی داد کِس سے چاہیئے!
رشک، آسائش پہ ہے زندانیوں کی اب مُجھے

۴۔ طبع ہے مُشتاقِ لذت ہائے حسرت کیا کروں!
آرزو سے، ہے شکستِ آرزو مطلب مُجھے

۵۔ دل لگا کر آپ بھی غالبؔ مُجھی سے ہو گئے
عشق سے آتے تھے مانع، میرزا صاحب مُجھے

1. याद है शादी में भी हगांमा-ए-या रब, मुझे
सुबहा-ए-ज़ाहिद हुआ हैं, ख़न्दा ज़ेर-ए-लब मुझे

2. है कुशाद-ए-ख़ातिर-ए-वाबस्ता दर रहन्-ए-सुख़न
था तिलिस्म-ए-कुफल-ए-अबजद, ख़ाना-ए-मकतब मुझे

3. या रब, इस आशफतगी की दाद किस से चाहिये
रश्क आसाइश पे हैं ज़िन्दानियों की, अब मुझे

4. तब'अ है मुश्ताक़-ए-लज्ज़त हाए-हस्रत, क्या करूं
आरजू से है शिकस्त-ए-आरजू मतलब मुझे

5. दिल लगा कर आप भी ग़ालिब मुझी से हो गये
इश्क से आते थे मान'अ, मीरज़ा साहब मुझे

1. I remember God even in the midst of joy
The beads of the holy man seems to me like a smile that is only on the lips

2. My grieving heart has found opening in poetry
The mystique diverse has been a lesson for flair.

3. I am envious of the prisoner's comfort
O God, who can feel the distracted longings, I am subjected to?

4. My nature looks for a confrontation in adversity
The breaking of desire is more joyful for me than desiring itself.

5. Ghalib, by falling in love you have become like me,
O Mirza Sahab, you forbade me once against indulging in love.

(٦٢)

۱۔ آئینہ کیوں نہ دُوں کہ تماشہ کہیں جسے
ایسا کہاں سے لاؤں کہ تُجھ سا کہیں جسے

۲۔ حسرت نے لارکھا، تری بزمِ خیال میں
گلدستۂ نگاہ، سُویدا کہیں جسے

۳۔ پھونکا ہے کس نے گوشِ محبت میں اے خُدا!
افسونِ انتظار، تمنا کہیں جسے

۴۔ سر پہ ہجومِ درد غریبی سے، ڈالئے
وہ ایک مُشتِ خاک کہ صحرا کہیں جسے

۵۔ ہے چشم تر میں حسرت دیدار سے نہاں
شوق عنان گسیختی، دریا کہیں جسے

۶۔ درکار ہے، شگفتنِ گُلہائے عیش کو
صبحِ بہار، پُنبۂ مینا کہیں جسے

۷۔ غالب! بُرا نہ مان، جو واعظ بُرا کہے
ایسا بھی کوئی ہے کہ سب اچھا کہیں جسے؟

1. आईना क्यों न दूं कि तमाशा कहें जिसे

ऐसा कहां से लाउँ, कि तुझ सा कहें जिसे

2. हस्रत ने ला रखा तिरी बज़्म-ए-ख़याल में

गुल्दस्ता-ए-निगाह, सुवैदा कहें जिसे

3. फूंका है किसने गोश-ए-महब्बत में, अय खुदा

अफ़सून-ए-इन्तिज़ार, तमन्ना कहें जिसे

4. सर पर हुजूम-ए-दर्द-ए-ग़रीबी से डालिये

वह एक मुश्त-ए-ख़ाक, कि सह्रा कहे जिसे

5. हैं चश्म-ए-तर में हस्रत-ए-दीदार से निहा

शौके इनां गुसेख़्ता, दरिया कहें जिसे

6. दरकार है, शिगुफतन-ए-गुलहा-ए-ऐश को

सुबह-ए-बहार, पुबा-ए-मीना कहें जिसे

7. ग़ालिब बुरा न मान, जो वाअिज़ बुरा कहे

ऐसा भी कोई हैं, कि सब अच्छा कहें जिसे?

1. You might wonder at your beauty if I give you the mirror
It is joy for others an impossible to present another who
can be like this

2. For the assembly of your thought my oppressed desire
brought a bouquet
Longing for seeing beloved makes eyes to freeze.

3. O God, who has whispered in her ear

The magic of expectation full of desire

4. I cast upon my head that handful of dust

Due to excessive pain it brings me to a state which is called the desert.

5. With longing to see her, my eyes are tear-wet

A flood of tears thus broken can turn to a river.

6. There must be a dawn of spring for flowers of pleasure to bloom

It will turn to a feast to enjoy

7. If the preacher is ill mannered, O'Ghalib do not be sour;

Is there any one whom the world has only called good and never bad?

(۶۳)

۱۔ ملتی ہے خُوئے یار سے نار التہاب میں
کافر ہوں، گر نہ ملتی ہو راحت عذاب میں

۲۔ کب سے ہوں، کیا بتاؤں، جہانِ خراب میں
شب ہائے ہجر کو بھی رکھوں گر حساب میں

۳۔ تا پھر نہ انتظار میں نیند آئے عُمر بھر
آنے کا عہد کر گئے، آئے جو خواب میں

۴۔ قاصد کے آتے آتے، خط اک اور لکھ رکھوں
میں جانتا ہوں جو وہ لکھیں گے جواب میں

۵۔ مُجھ تک کب، اُن کی بزم میں آتا تھا دَورِ جام
ساقی نے کچھ مِلا نہ دیا ہو شراب میں

۶۔ میں مضطرب ہوں وصل، میں خوفِ رقیب سے
ڈالا ہے تم کو وہم نے، کس پیچ و تاب میں

۷۔ میں اور خطِ وصل، خداساز بات ہے
جاں نذر دینی بُھول گیا، اِضطراب میں

۸۔ وہ سحر، مُدعاّ طلبی میں نہ کام آئے!
جس سحر سے سفینہ رواں ہو سراب میں

۹۔ غالبؔ! چھٹی شراب پر اب بھی، کبھی کبھی
پیتا ہوں روزِ ابر وشبِ ماہتاب میں

1. मिलती है खू-ए-यार से नार इल्तिहाब में
काफिर हूं गर न मिलती हो राहत अज़ाब में

2. कब से हूं क्या बताउँ जहान-ए-ख़राब में
शबहा-ए-हिज्र को भी रखूं गर हिसाब में

3. ता फिर न इन्तिज़ार में नीन्द आयें उम्र भर
आने का वादा कर गये, आये जो ख़्वाब में

4. क़ासिद के आते आते, ख़त इक और लिख रखूं
मैं जानता हूं, जो वह लिखेंगें जवाब में

5. मुंझ तक कब उनकी बज़्म में आता था दौर-ए-जाम
साकी ने कुछ मिला न दिया हो शराब में

6. मैं मुज़्तरिब हु वस्ल में, खौफ-ए-रक़ीब से
डाला है तुमको वह्म ने, किस पेच-ओ-ताब में

7. मैं और खत-ए-वस्ल, खुदासाज़ बात है
जां नज़र देनी भूल गया इज़्तिराब में

8. वह सेह्र मुद्दआ तलवी में न काम आये
जिस सेह्र से सफीना रंवा हो सराब में

9. ग़ालिब छुटी शराब, पर अब भी कभी कभी
पीता हूं रोज़-ए-अब्र-ओ-शब-ए-माहताब में

1. I may be termed Kafir if not comforted by dire conditions
Her fiery temper is similar to burning fire,

2. In case I add nights of seperation to the days of no desire
I will not be able to tell how long I existed in the sorrowful plight
3. In waiting for entire life no longer could I sleep
Once in dream beloved promised to come again.
4. Before the mesengers bringing her reply in letter
I will write another letter as I know what she is going to reply in return
5. In her assembly how could I be preferred with a cup of wine
It seems Saqi has mixed something in the drink deceitfully
6. By beloved's fear I am disturbed
By rival's gesture I am perturbed as I meet her
7. I just froget to offer my life as presentation in disturbed mood
My meeting the beloved, was so great the grace of God.
8. The same magic should fail to move my beloved
The very illusion can move a ship in wayward direction,
9. Althought I refrain from drinking but on a cloudy day
And on a moonlit night, O'Ghalib, you cannot help drinking at times.

(٦٤)

۱۔ ظلمت کدے میں مرے شبِ غم کا جوش ہے
اک شمع ہے دلیلِ سَحر، سو خموش ہے

۲۔ نے مژدۂ وصال، نہ نظّارۂ جمال
مُدّت ہوئی کہ آشتیِ چشم و گوش ہے

۳۔ مے نے کیا ہے حُسنِ خود آرا کو بے حجاب
اے شوق! یاں اجازتِ تسلیم و ہوش ہے

۴۔ گوہر کو عِقدِ گردنِ خوباں میں دیکھنا!
کیا اوج پر ستارۂ گوہر فروش ہے

۵۔ دیدار بادہ، حوصلہ ساقی، نگاہِ مست
بزمِ خیال میکدۂ بے خروش ہے

۶۔ اے تازہ واردانِ بساطِ ہوائے دل!
زنہار! اگر تمہیں ہوسِ نائے و نوش ہے

۷۔ ساقی، بہ جلوہ دشمنِ ایمان و آگہی
مطرب، بہ نغمہ، رہزنِ تمکین و ہوش ہے

۸۔ داغِ فراقِ صحبتِ شب کی جلی ہوئی
اک شمع رہ گئی ہے، سو وہ بھی خموش ہے

۹۔ آتے ہیں غیب سے یہ مضامیں خیال میں
غالبؔ! صریرِ خامہ نوائے سروش ہے

1. जुल्मत कदे में मेरे, शब-ए-ग़म का जोश हैं

इक शम्अ है दलील-ए-सहर, सो ख़ामोश हैं

2. ने मुशदा-ए-विसाल, न नज़्ज़ारा-ए-जमाल

मुद्दत हुई कि आश्ति-ए-चश्म-ओ-गोश है

3. मैं ने किया है हुस्न-ए-खुदआरा को, बेहिजाब

ऐ शौक़, यां इजाज़त-ए-तस्लीम-ए-होश है

4. गौहर को इक्द-ए-गर्दन-ए-खूबां में देखना

क्या औज पर सितारा-ए-गौहर फरोश है

5. दीदार-वादा, हौसला साक़ी, निगाह मस्त

बज़्म-ए-ख़याल, मैकदा-ए-बेख़रोश है

6. ऐ ताज़ा वारिदान-ए-बिसात-ए-हवा-ए-दिल

ज़िन्हार, अगर तुम्हें हवस नाय-ओ-नोश हैं

7. साक़ी, बा-जलवा दुश्मन-ए-बिसात-ए-हवा-ए-दिल

मुतरिब, बा-नग़्मा, रहज़न-ए-तम्कीन-ओ-होश है

8. दाग़-ए-फिराक़-ए-सोहबत-ए-शब की जली हुई

इक शम्'अ रह गई है, सो वह भी ख़ामोश है

9. आते हैं ग़ैब से, यह मज़ार्मी ख़याल में

ग़ालिब, सरीर-ए-ख़ामा नवा-ए-सरोश है

1. My house filled with darkness in the night of full grief

There is a candle to acclaim the morning but that is silent.

2. Neither the vision of beauty nor the joys of union exist

For long there has been rapport between the eye and ear.

3. The self-adorning beauty has cast aside the veil, under the spell of wine

Now longing love has full liberty to surrender discretion.

4. Around the belove's neck to see the pearl on the string,

The fortune of neckless maker is rarely very high.

5. The longing for gazing the wine, the Saqi and sight itself is drunken

The assembly of imagination is a tavern of delight

6. If you like wine and music, beware of your condition

O' you new entrant in the domain of intoxicating love.

7. Appearnance of Saqi is the enemy of faith and reason

Music though enchanting, yet robs one of dignity

8. Wearing the burnt out scar of sorrowful parting,

After the happy night's joy only a silent candle remains.

9. From unknown, O'Ghalilb, these thoughts come to me,

The tip of my pen gives angelic musical sound.

(۶۵)

۱۔ شوق، ہر رنگ رقیبِ سرو سامان نکلا
قیس تصویر کے پردے میں بھی عُریاں نکلا

۲۔ بُوئے گل، نالۂ دل، دودِ چراغِ محفل
جو تری بزم سے نکلا سو پریشاں نکلا

۳۔ زخم نے داد نہ دی تنگیِ دل کی یارب!
تیر بھی سینہ بسمل سے پُر افشاں نکلا

۴۔ تھی نو آموزِ فنا، ہمّتِ دُشوار پسند
سخت مشکل ہے کہ، یہ کام بھی آساں نکلا

۵۔ دل میں پھر گریہ نے اک شور اُٹھایا غالب!
آہ جو قطرہ نہ نکلا تھا' سو طوفان نکلا

1. शौक़ हर रगं, रक़ीबे-ए-सर-ओ-सामां निकला
कैस तस्वीर के पर्दे में भी उरियां निकला

2. बू-ए-गुल, नाला-ए-दिल, दूद-ए-चराग-ए-महफिल
जो तिरी बज्म से निकला, सो परीशां निकला

3. ज़ख़्म ने दाद न दी तंगि ए-दिल की यारब
तीर भी सीना-ए-बिस्मिल से पुरअफशां निकला

4. थी नौआमोज़-ए-फ़ना, हिम्मत-ए-दुश्वार पसन्द
सख़्त मुश्किल है, कि यह काम भी आसां निकला

5. दिल में फिर गिरिये ने इक शोर उठाया, ग़ालिब
आह जो क़तरा न निकला था, सो तूफ़ां निकला

1. Longing of every aspect was found an enemy of achievements
Qais, even in the robe of the picture was found naked.
2. The fragance of the rose, the heart's lament, the smoke of the assembly's lamp;
Whoever departed there from was in confusion.
3. The distressed heart due to beloved's glance was like the cloth
It could not do justice to the feast of woes spread on it
4. The trouble loving longing was novice in self decimation;
Yet even this difficult task has proved too easy.
5. O'Ghalib, my hearts weeping is again swelling;
Ah, the drop that did not fall has become a storm.

(٦٦)

۱۔ بازیچۂ اطفال ہے، دُنیا مِرے آگے
ہوتا ہے شب و روز تماشا، مِرے آگے

۲۔ اک کھیل ہے، اورنگِ سلیماں، مِرے نزدیک
اک بات ہے، اعجازِ مسیحا، مِرے آگے

۳۔ جُز نام، نہیں صورتِ عالم مجھے منظور
جُز وہم نہیں ہستیِ اشیا، مِرے آگے

۴۔ ہوتا ہے نہاں، گرد میں، صحرا، مِرے ہوتے
گِھستا ہے جبیں خاک پہ، دریا، مِرے آگے

۵۔ مت پُوچھ کہ کیا حال ہے مرا ترے پیچھے
تو دیکھ کہ کیا رنگ ہے تیرا مِرے آگے

۶۔ سچ کہتے ہو، خود بین وخود آرا ہوں' نہ کیوں ہوں؟
بیٹھا ہے بُتِ آئینہ سیما مِرے آگے

۷۔ عاشق ہوں' پہ معشوق فریبی ہے مرا کام
مجنوں کو بُرا کہتی ہے لیلیٰ مرے آگے

۸۔ پھر دیکھیے اندازِ گُل افشانیِ گفتار
رکھ دے کوئی پیمانۂ صہبا مرے آگے

۹۔ گو ہاتھ کو جُنبش نہیں، آنکھوں میں تو دَم ہے
رہنے دو ابھی ساغر و مینا مرے آگے

۱۰۔ ہم پیشہ و ہم مشرب و ہم راز ہے میرا
غالب کو بُرا کیوں کہو، اچھا مرے آگے؟

1. बाज़ीचा-ए-अत्फाल हैं दुनिया मेरे आगे
होता है शब-ओ-रोज़ तमाशा मेरे आगे

2. इक खेल है औरंगें सूलेमाँ मेरे नज़दीक
इक बात है एजाज़े मसीहा मेरे आगे

3. जुज़ नाम, नहीं सूरत-ए-आलम मुझे मंजूर
जुज़ बहम नहीं, हस्नि-ए-अशिया मेरे आगे

4. होता है निहां, गर्द में, सहरा, मेरे होते
घिसता है, जबीं ख़ाक, पे दरिया मेरे आगे

5. मत पूछ कि क्या हाल है मेरा तेरे पीछे
तू देख कि क्या रंग है तेरा मेरे आगे

6. सच कहते हो, खुदबीन-ओ-खुदआरा हूं, न क्यूं हूं?
बैठा है बुते आईना सीमा मेरे आगे

7. आशिक हूँ, पे माशूक़ फरेबी है मेरा काम
मजनूं को बूरा कहती है लैला मेरे ओग

8. फिर देखिए अन्दाज़े गुलअफशनि-ए-गुफतार
रख दे कोई पैमाना-ए- सहबा मेरे आगे

9. गो हाथ को जुंबिश नहीं, आंखों में तो दम है
रहने दो अभी सागर-ओ-मीना मेरे ओगे

10. हमपेशा-ओ-हम मशरब-ओ-हमराज़ है मेरा
'ग़ालिब' को बुरा क्यूं कहो? अच्छा मेरे आगे

1. The world is like childern's play field before me
   The night and day show goes on before me.
2. The throne of Solomon is but a pastime for me
   The miracle of the Messiah is a valueless trifle before me.
3. The appearance of the world I do not accept;
   The existance of things is just an illusion.
4. The desert hides itself in whirling sand;
   In the dust the river rubs its forehead before me.
5. Don't ask me what is my plight in your absence;
   Just see what is our own style before me.
6. You say truly that I am self conceited
   This is because beauty with mirror like forehead sitting before me.
7. Although I am a lover, my aim is to deceive.
   The beloved, Laila abuses Majnun before me
8. Then thou should'st see the style of rose scattering speech.
   If someone places the cup of wine before me.
9. Though my hands are numb, still there is life in the eyes;
   Please leave the wine and the goblet before me.
10. Ghalib is my companion and confide being in the same trade.
    Do not abuse him before me.

(۶۷)

۱۔ ہر قدم دُوریٔ منزل ہے نمایاں مجھ سے
مری رفتار سے بھاگے ہے، بیاباں مجھ سے

۲۔ درسِ عنوانِ تماشا، بتغافل خوشتر
ہے نگہ رشتۂ شیرازۂ مژگاں مجھ سے

۳۔ وحشتِ آتشِ دل سے، شبِ تنہائی میں
صورتِ دُود رہا، سایہ گریزاں مجھ سے

۴۔ غمِ عشاق نہ ہو، سادگی آموزِ بُتاں
کس قدر خانۂ آئینہ ہے ویراں مجھ سے

۵۔ اثرِ آبلہ سے، جادۂ صحرائے جنون
صورتِ رشتۂ گوہر ہے چراغاں مجھ سے

۶۔ شوقِ دیدار میں، گر تو مجھے گردن مارے
ہو نگہ، مثلِ گُلِ شمع، پریشاں مجھ سے

۷۔ گردشِ ساغرِ صد جلوۂ رنگیں، تجھ سے
آئینہ داریٔ یک دیدۂ حیران، مجھ سے

۸۔ نگہ گرم سے ایک آگ ٹپکتی ہے، اسدؔ!
ہے چراغاں خس و خاشاکِ گلستاں مجھ سے

1. हर क़दम दूरि-ए-मंज़िल है नुमायां मुझसे

मेरी रफतार से भागे है, बयाबां मुझसे

2. दर्स-ए-उन्वान-ए-तमाशा, ब-तग़ाफ़ुल खुश्तर

है निगह रिश्ता-ए-शीराज़ा-ए-मिशगां मुझसे

3. वहशत-ए-आतश-ए-दिल से, शब-ए-तन्हाई में

सूरत-ए-दूद, रहा साया गुरेज़ॉ मुझसे

4. ग़म-ए-उश्शाक़ न हो, सादगी आमोज़-ए-बुतॉ

किस क़दर खाना-आईना है वीरों मुझसे

5. असर-ए-आबला से, जादा-सहरा-ए-जुनूं
सूरत-ए-रिश्ता-ए-गौहर है चरागॉ मुझसे

6. शैक़-ए-दीदार में, गर तू मुझे गर्दन मारे

हो निगह, मिस्ल-ए-गुल-ए-शम्'अ परीशॉ मुझसे

7. गर्दिश-ए-सागर-ए-सद् जल्वा-ए-रॅगीं तुझसे

आइनादारी यक दीदा-ए-हैराँ मुझसे

8. निगह-ए-गर्म से इक आग टपकती है असद!

है चरागाँ, ख़स-ओ-खशाक गुलिस्तां मुझसे

1. Every step I take towards destination which is apparent;

   It appears wilderness distancing at my speed.

2. Negligence is better than a cue from the wordly show;

   My sight has been winding thread of my eyelashes.

3. The fire of my heart in the loneliness of night makes my own shadow frightful.

The shadow runs aways like drifting smoke from the fire.

4. Grief striken I am simple to the beloved ones

On account of me how desolate will be the mirror house.

5. Because of my blisters, the pathway of the desert stained with blood

The path of madness has been illumined leaving string of pearls.

6. Because of my desire to see you if you cut my throat,

Even my sight will spread in all directions like the candle light.

7. The passing round of the cup from you is glorious

The mirror am holding for you as a compulsion for the wonder striken.

8. O Asad, the fire is dropping from the burning glance

The flower garden is illumined by the burning of straw and leaves thereby.

(۶۸)

۱۔ ہر اک بات پہ کہتے ہو تم کہ "تُو" کیا ہے؟"
تمہیں کہو کہ "یہ اندازِ گفتگو کیا ہے؟"

۲۔ نہ شعلے میں یہ کرشمہ، نہ برق میں یہ ادا
کوئی بتاؤ کہ وہ شوخِ تُند خُو کیا ہے

۳۔ یہ رشک ہے کہ وہ ہوتا ہے ہم سُخن تُم سے
وگرنہ خوفِ بد آموزیِ عدو کیا ہے

۴۔ چپک رہا ہے بدن پہ لہو سے پیرہن
ہماری جیب کو اب حاجتِ رفو کیا ہے

1. हर एक बात पे कहते हो तुम, कि "तू क्या है?"
तुम्हीं कहो कि "यह अन्दाज़-ए-गुफतगू क्या है?"

2. न शोले में यह करिश्मा, बर्क में यह अदा
कोई बताओ, कि वह शोख़-ए-तुन्द खू क्या है

3. यह रश्क है कि वह होता है हमसुखन तुमसे
वगरना खौफ-ए-बद आमाजि-ए-अदू क्या है

4. चिपक रहा है बदन पर, लहू से पेराहन
हमारी जैब को अब हाजत-ए-रफू क्या है

1. With every mentioning of word you get angry
If you behave that way it will be insulting style of
conversation.

2. Neither in the flame nor in the lightning such style
Then tell me someone why ill tempered behaviour?

3. I am envious he is talking to you
Besides I have no fear of the adversary speaking wrong
of me.

4. I do not require further stitching of my pocket
As my robe is stuck to my body with blood.